对外汉语本科系列教材
语言技能类(二年级)

汉语听说教程

(下)

赵　菁　主编

赵　菁　梁彦民　孙欣欣　编

北京语言大学出版社
BEIJING LANGUAGE AND CULTURE UNIVERSITY PRESS

图书在版编目（CIP）数据

汉语听说教程（下）/ 赵菁主编；赵菁，梁彦民，孙欣欣编 .-- 北京：北京语言大学出版社，2000.4（2025.3 重印）
ISBN 978-7-5619-0849-5

Ⅰ.①汉… Ⅱ.①赵… ②赵… ③梁… ④孙… Ⅲ.①对外汉语教学－视听教学－高等学校－教材 ②对外汉语教学－口语－高等学校－教材 Ⅳ.① H195.4

中国版本图书馆 CIP 数据核字（2000）第 04381 号

汉语听说教程（下）

HANYU TINGSHUO JIAOCHENG (XIA)

排版制作：北京创艺涵文化发展有限公司
责任印制：邝　天

出版发行：北京语言大学出版社
社　　址：北京市海淀区学院路 15 号，100083
网　　址：www.blcup.com
电子信箱：service@blcup.com
电　　话：编辑部　8610-82303647/3592/3395
国内发行　8610-82303650/3591/3648
海外发行　8610-82303365/3080/3668
北语书店　8610-82303653
网购咨询　8610-82303908
印　　刷：北京富资园科技发展有限公司

版　　次：2000 年 4 月第 1 版　　印　　次：2025 年 3 月第 19 次印刷
开　　本：787 毫米 × 1092 毫米　1/16　　印　　张：课本 11　学习参考 6
字　　数：300 千字
定　　价：54.00 元（含学习参考）

PRINTED IN CHINA
凡有印装质量问题，本社负责调换。QQ：1367565611，电话：010-82303590

目　　录

第十三课　有话好好说

本课学习的主要功能：**劝解与阻止**

听力练习1　热线电话

生活中有时会碰到一些不顺心的事，如果正好身边没有人可以诉说的话，你可以拨打热线电话，它将随时等候为你服务……

请听录音《热线电话》……

图13—1

生　词

1. 热线	（名）	rèxiàn	hot line ホットライン 직통전화
2. 诉说	（动）	sùshuō	recount; tell; relate 訴える;(感情をこめて)述べる 털어놓다
3. 婆婆	（名）	pópo	mother-in-law しゅうとめ;父の母 시어머니
4. 接连	（副）	jiēlián	on end; in succession 連続して;続けざまに 연속적으로
5. 分歧	（名）	fēnqí	difference; divergence (思想·意見などの)相違 불일치
6. 赡养	（动）	shànyǎng	support; provide for 扶養する;やしなう 모시다
7. 零用钱		língyòng qián	pocket money 小遣い 용돈
8. 除此之外		chú cǐ zhī wài	besides 除いこ 이것 이외에, 이밖에
9. 积蓄	（名）	jīxù	savings たくわえ;貯金 저축
10. 耗	（动）	hào	consume 消耗する;費やす 소비하다, 소모하다
11. 伤害	（动）	shānghài	injure; hurt; harm 害する;傷つける 해치다, 다치게 하다
12. 赌气	（动）	dǔqì	feel wronged and act rashly 意固地になる;むか腹を立てる 오기를 부리다
13. 不孝之子		bù xiào zhī zǐ	unworthy child 親不孝 불효자

14. 假如	（连）	jiărú	if かりに…とする 만약
15. 不妨	（副）	bùfáng	might as well …してもよい;かまわない 상관없다
16. 坦率	（形）	tănshuài	frank; candid 率直である 솔직하다
17. 出面	（动）	chūmiàn	act in one's own capacity 表面に立つ ~ 명의로 하다
18. 气话		qì huà	words said in a fit of rage 怒って分別を失ったことば 홧김에 한 말

表达形式

一、除此之外她还向我爱人要这要那

“除此之外”是一个固定结构，表示“除了所说的这个（些）以外”，连接小句或句子。例如：

1. 她每天都很忙，下了班要做饭、做家务、照看孩子，除此之外，还要写文章、学外语。
2. 他只去过西北，除此之外，哪儿都没去过。
3. 学习必须不断努力，除此之外，没有其他方法。
4. 北京的公共交通工具主要是公共汽车，除此之外，还有地铁。

二、动不动就拿自己过去所受的苦来教育儿子

“动不动”是一个固定短语，表示极容易作出某种事或某种反应，多用于不希望发生的事，后面常跟“就”。例如：

1. 你这人怎么搞的！动不动就生气。
2. 他的体质太弱，动不动就感冒。
3. 妈妈总是这样，动不动就教育人。
4. 北京现在汽车很多，动不动就堵车。

三、假如不能满足的话

“假如”的意思同“如果”，更多地用于书面。例如：

1. 假如他不愿意呢？

2. 假如我是你，我就不会那么做。

3. 假如有什么困难，你可以去找他。

4. 假如某一天你和她又见面了，你会对她说什么？

四、不妨把你们的经济情况向老人坦率地说明

"不妨"表示"可以这样做，没有关系"，常用来表示建议。例如：

1. 听说这种方法效果挺好的，你不妨试试。

2. 有什么意见，你不妨对他直说。

3. 今天天气很好，你不妨出去散散步。

4. 你有什么问题不明白，不妨问问老师。

◇ 练　　习 ◇

一、听后概括大意。

二、根据录音内容选择正确答案：

1.	A	B	C	D
2.	A	B	C	D
3.	A	B	C	D
4.	A	B	C	D

三、根据录音内容判断正误：

1.	正（　）	误（　）	5.	正（　）	误（　）
2.	正（　）	误（　）	6.	正（　）	误（　）
3.	正（　）	误（　）	7.	正（　）	误（　）
4.	正（　）	误（　）	8.	正（　）	误（　）

四、两人一组复述课文（使用提示词语和句式）。

刘女士：

在……问题上发生了……

我知道……我并没有反对……

……除此之外她还……

我认为他的做法……

主持人：

我觉得这件事呢，你首先得……

你想没想过呢？也许……

你看这样处理行不行？对于……

假如……的话，也不妨……

此外，此事最好……

五、思考与讨论：

1. 你怎样看待这个家庭的矛盾？

2. 你认为这件事应该怎样解决？

听力练习2　善待生命

亚娟的妈妈对亚娟说：要善待生命，生命对我们来说只有一次……请听录音《善待生命》……

图 13 — 2

生　词

1. 善待	（动）	shàndài		8. 开导	（动）	kāidǎo
2. 螃蟹	（名）	pángxiè		9. 友情	（名）	yǒuqíng
3. 出事		chū shì		10. 脆弱	（形）	cuìruò
4. 自杀	（动）	zìshā		11. 或早或晚		huò zǎo huò wǎn
5. 抛弃	（动）	pāoqì		12. 悲伤	（形）	bēishāng
6. 即使	（连）	jíshǐ		13. 振作	（动）	zhènzuò
7. 阻止	（动）	zǔzhǐ		14. 挫折	（名）	cuòzhé

表达形式

一、光顾了……

1. 光顾了聊天儿，上课迟到了！
2. 光顾了工作，耽误了终身大事。

二、即使……也……

1. 即使遇到再大的困难，也要坚持到最后。
2. 即使大家都反对，我也要和他结婚。

三、或早或晚

1. 成功对他来说，只是或早或晚的事。
2. 你不用劝他，他或早或晚总归会明白的。

◈ 练　　习 ◈

一、听录音，回答问题：

1. 亚娟在为什么事而难过？
2. 小洁的死因是什么？
3. 亚娟为什么责备自己？
4. 从小洁的死，亚娟感觉到了什么？
5. 亚娟很难相信什么？
6. 妈妈怎样开导亚娟？
7. 小力是怎么说的？

二、根据录音内容填空：

1. 妈妈：她是怎么死的？

   亚娟：________。她男朋友________了她，和一个________好上了。

2. 亚娟：她____________还跟我说，她要____________这件事，重新开始____________。我这两天____________去看她的，我____________忙自己的事了。

   妈妈：亚娟，____________你去看她，____________她。

3. 亚娟：我总觉得我____________她，我是她最好的朋友，如果那时我在她身边____________，她也许就不会________了。

妈妈：亚娟，________代替不了爱情，你还年轻，第一次遇到这种事，身边____________的人突然死了，是会很____________的。

4. 亚娟：妈妈，我觉得____________________了，妈妈，我今天一直在想，____________________？

妈妈：每个人都会____________________地想到这个问题的。

5. 亚娟：但我____________________答案。

妈妈：有的人的答案________________，有的人____________________，你才刚开始________________。

6. 亚娟：妈妈，我很难相信____________________。

妈妈：这是每个朋友__________感觉，你太悲伤了。振作一点！记住妈妈的话，________对我们来说________，人的生命是很宝贵的，要________________。

7. 亚娟：人的一生本来就要经历无数次的________，有________，也有______；有______，也有______，这才是__________。

三、两人一组，模仿课文分角色对话，注意劝慰的语气。

听力练习 3　面　子

人人都爱面子，而对于某些人来说，面子有时候比人的性命还要重要。你不信吗？请听录音《面子》……

图 13—3(1)

图 13—3(2)

生　　词

1. 性命　（名）　xìngmìng
2. 深思　（动）　shēnsī
3. 行驶　（动）　xíngshǐ
4. 并(线)　（动）　bìng(xiàn)
5. 别　（动）　biè
6. 加速　（动）　jiāsù
7. 减速　（动）　jiǎnsù
8. 嘀嘀　（象声）　dīdī
9. 一个劲儿　（副）　yīgejìnr
10. 喇叭　（名）　lǎba
11. 烦　（动）　fán
12. 国有国法，行有行规　guó yǒu guó fǎ, háng yǒu háng guī
13. 规矩　（名）　guīju
14. 人活脸面树活皮　rén huó liǎnmiàn shù huó pí
15. 斗气　（动）　dòuqì
16. 挑衅　（动）　tiǎoxìn
17. 私了　（动）　sīliǎo

表达形式

一、大不了

1. 不就是离婚吗？有什么大不了的！
2. 没什么大不了的，别担心。

二、一个劲儿

1. 他一个劲儿地问我的工资、奖金有多少，让人讨厌！
2. 她一个劲儿地哭，大家问她，她什么也不说。

练　　习

一、听录音，回答问题：

1. 作者认为值得深思的问题是什么？
2. 警察为什么拦住了这两个人？
3. 这两个人因为什么开始斗气？
4. 斗气的结果是什么？

二、根据录音内容判断正误：

1. 正（　　）　误（　　）　　2. 正（　　）　误（　　）

3. 正(　　)	误(　　)	7. 正(　　)	误(　　)
4. 正(　　)	误(　　)	8. 正(　　)	误(　　)
5. 正(　　)	误(　　)	9. 正(　　)	误(　　)
6. 正(　　)	误(　　)		

三、就"面子问题"说一说你的看法(举例说明)。

表 达 练 习

一、朗读下列句子,注意语音、语调:

1. 我觉得呢,一对好夫妻,不仅要相互依赖,还要相互关心。
2. 也许你丈夫也有他的难处,他既不愿伤害你们夫妻之间的感情,更不愿做个不孝之子。
3. 假如不能满足的话,也不妨把你们的经济情况向老人坦率地说明。
4. 有话好好说,有事好好商量。
5. 我这两天本应该去看她的,我光顾了忙自己的事了。
6. 我总觉得我也许可以阻止她,如果那时我在她身边开导她几句,她也许就不会去死了。
7. 我觉得生命真是太脆弱了,我今天一直在想,人活着到底是为了什么?
8. 人生对我们来说只有一次,人的生命是很宝贵的,要善待自己的生命。
9. 人的一生本来就要经历无数次的挫折,有欢乐,也有痛苦;有成功,也有失败,这才是真正的人生。
10. 值得深思的是,社会究竟让人们觉得什么事是有"面子"的,什么事是没"面子"的。
11. 超完也不看看拉没拉开距离就往这条线上并,故意别我。
12. 我走我的,你走你的,有本事就超,没本事减速后面跟着。你懂不懂?
13. 他这不是不给面子吗?凭什么?就凭他是辆好车?
14. 本来没有什么大不了的事,不就是个超车吗?
15. 他非得追上来跟我比,非得论个高低,拼个输赢不可。
16. 是你先挑衅的!超就超吧,没事一个劲儿地按什么喇叭?

二、使用劝解或阻止的语气完成对话:

1. A:这件事恐怕不容易私了,对方的要价太高,你说我该怎么办?

   B:____。

2. A:你说我怎么这么糊涂呀,把相机落在出租车里了,又没开票,又没记车号!

B:____。

3. A:我现在哪儿有心情吃饭？我真的一口都吃不下。

B:____。

4. A:放心吧，我醉不了。

B:____！

5. A:他的脾气我真是受不了！

B:____。

6. A:我越是让步他越是挑衅。

B:____。

7. A:找不到工作，一家老小吃什么？

B:____。

三、用指定词语完成句子：

1. 教育孩子要有耐心，______________________________。（动不动）

2. 让下岗就下呗，______________________________。（大不了）

3. 买的时候我没注意衣服的扣子少了一个，______________________________

______________________________。（光顾了……）

4. 别说你当时根本就不在场，______________________________

______________________________。（即使……也……）

5. 要办的事很多，______________________________。（除此之外）

6. 如果你对这个问题感兴趣，______________________________。（不妨）

7. 我想我们最好还是告诉他，______________________________

______________________________。（或早或晚）

8. 这对他来说是一次不小的挫折，______________________________。（假如）

9. 我觉得他一定很为难，______________________________

______________________________。（既不……更不……）

10. 我只不过是打碎了一个杯子，______________________________？（值得）

11. 他已经够着急的了，______________________________。（一个劲儿）

四、朗读下列会话并讨论：

图 13—4(1)

实　话　实　说

小张：小刘，我刚才一个劲儿地向你使眼色，你怎么还在说？

小刘：怎么了？

小张：你没看见，王主任气得脸都变了？

小刘：我料到他会生气的。不过，他应该为公司的管理不善而生气，不是为我提的这些意见。

小张：小刘，你这人说话也有点儿太那个了！太直了！难道你就不能拐个弯儿？总是这样直来直去的，了解你的人说你实在，不了解你的人会怎么想？就好像你是在有意讽刺别人似的。

小刘：他们愿意这么想我也没办法，我是实话实说。

小张：我知道你是实话实说，但说话也得讲究方法不是？如果别人对你说的话首先就产生了抵触情绪，你的意见再合理他们也很难接受对不对？

小刘：我不这么看，我觉得如果他们认为是合理的，就应该接受，否则就是将私人恩怨带到了工作中。在我看来，公是公，私是私。

小张：我知道公是公，私是私，但事情并不像你想的那样简单，你比如说：一个人刚刚跟你打完架，马上让你给他办事，你愿意办吗？

小刘：如果工作需要我会给他办的。

小张：但你心里还是有抵触情绪对不对？你虽然给他办了，但你很难做到像对其他人那样的笑脸相迎是不是？所以我说，说话办事得讲究方式方法，同样的一句话，你为什么不能说得委婉一些呢？你为什么不能用别人能够接受的方式说出来呢？

小刘：我直来直去惯了。

小张：有时候，直来直去并不是优点，你只要动动脑子，换一种方式，能不伤害对方而解决问题，为什么要去伤害对方呢？

讨论题：

1. 你赞成小张的处世哲学还是小刘的处世哲学？为什么？
2. 在你的同事中有没有像小刘这样的人？这样的人受不受大家的喜爱？
3. 中国人的办事方法、处世哲学、交际方式、性格特征和你们国家有什么不同？哪些是你感到不理解、不习惯的？

五、会话练习：

1. 你发现某门课越上越没有意思，要不要跟老师谈一谈，你心里很犹豫，打热线电话。

图 13—4(2)

2. 你发现你的男(女)朋友和别人一起进了电影院,你很苦恼,朋友在劝慰你。

图 13—4(3)

六、论述题(任选一题):

要求:事先准备好 200 字的发言提纲。

1. 说一说婆媳之间如何才能友好相处。

2. 谈一谈你对小洁之死的看法,你的人生观。

3. 就"面子"问题,谈一谈你的看法和体会。

4. 说一说你对中国人的性格、讲话方式、处世方式的看法。

第十四课　各执一词

本课学习的主要功能:**议论与争议**

听力练习 1　可怜天下父母心

天下有多少父母在为孩子的学习而烦恼着……

在如何对待孩子的学习的问题上,夫妻双方之间爆发过多少次争吵……

请听录音《可怜天下父母心》……

图 14—1

生　　词

1. 烦恼	（动）	fánnǎo	be worried; be vexed 悩み煩うこと;悩むこと;くよくよする 고민, 번뇌
2. 爆发	（动）	bàofā	break out 爆発する 폭발하다
3. 争吵	（动）	zhēngchǎo	quarrel (大声で)言い争う;口論する 말싸움하다, 입씨름하다
4. 不安	（形）	bù'ān	uneasy 落ち着かない 불안하다
5. 心思	（名）	xīnsi	mood; state of mind (…する)気 생각
6. 过问	（动）	guòwèn	bother about 口出しする;関心をもつ 참견하다, 따져묻다, 간섭하다
7. 监督	（动）	jiāndū	supervise 監督する 감독하다
8. 鬼混	（动）	guǐhùn	fool around だらしない生活をする;まともでない生活をする 멋대로 살다
9. 下滑	（动）	xiàhuá	drop; come down 降下する;下がる 아래로 미끌어지다
10. 至于	（副）	zhìyú	go so far; as to …ほどまでになる ~ (으)로 말하자면
11. 强迫	（动）	qiǎngpò	force 無理強いする;強制する 억지로 시키다
12. 固然	（连）	gùrán	no doubt; it is true 無論…であるが 역시
13. 自食其力		zì shí qí lì	earn one's own living 自分の力によって生活してゆく 자력갱생

14．歪曲　（动）　wāiqū　distort
歪曲する
왜곡하다

15．剥夺　（动）　bōduó　deprive; strip
奪い取る
박탈하다, 빼앗다

16．心疼　（动）　xīnténg　love dearly
大変かわいがる
매우 아끼다

17．淘汰　（动）　táotài　eliminate through selection
淘汰する
도태되다

18．动力　（名）　dònglì　motive power
原動力
동력

表达形式

一、不至于吧

“至于”表示发展到某种程度，常用否定式“不至于”，表示“不会发展到某种地步”，常用于反问。例如：

1．他的英语即使再差，也不至于连这句话都听不懂吧？

2．一次小测验，哪儿至于这么紧张呀！

3．为这点儿小事不至于生那么大的气。

4．他还不至于像你想的那么坏。

二、每天除了学习还是学习

“除了……还是……”表示“只有这个，没有别的”，常用于形容“单调、缺少变化”，带有不耐烦、厌倦的语气。例如：

1．上班谈工作，回到家来还谈工作，一天到晚除了工作还是工作，我看你简直成了“工作狂”了。

2．在某些人眼里，除了钱还是钱，没别的。

3．他的家乡除了山还是山。

4．那儿除了沙漠还是沙漠，连一棵树也没有。

三、什么兴趣不兴趣的

“什么A不A的”中A可以是名词、动词、形容词，它表示的意思是“不在乎”、“无所谓”，有时带有“不管、不顾”的意味。例如：

1．什么漂亮不漂亮的，实用就行。

2. 什么谢不谢的，你跟我还用这么客气？
3. 什么自愿不自愿的，每个人都必须交。
4. 什么贵不贵的，喜欢就买呗。

四、能考上大学<u>固然</u>好，真的考不上也没什么

“固然”表示确认某一事实，但同时也应该承认另一事实。重在突出后一句。例如：

1. 这件事固然是他的不是，但你也有一定的责任。
2. 离婚固然不好，但是没有感情的婚姻也没有维持的必要。
3. 说得对，固然应该接受，说得不对，也可作为参考。
4. 固然每个人都有自己的个性，但同一国家的人总还有相似之处。

◇ 练　　习 ◇

一、根据录音内容选择正确答案：

1.	A	B	C	D
2.	A	B	C	D
3.	A	B	C	D
4.	A	B	C	D

二、根据录音内容判断正误：

1. 正(　　)	误(　　)	6. 正(　　)	误(　　)
2. 正(　　)	误(　　)	7. 正(　　)	误(　　)
3. 正(　　)	误(　　)	8. 正(　　)	误(　　)
4. 正(　　)	误(　　)	9. 正(　　)	误(　　)
5. 正(　　)	误(　　)	10. 正(　　)	误(　　)

三、模仿课文中的句式，对下列话语进行反驳：

1. A：这么晚了，孩子还没回来，你也不着急？
   B：＿＿＿＿＿＿＿＿＿＿＿＿＿＿＿＿＿＿＿＿＿＿＿＿＿＿＿＿。
2. A：你倒真放心，孩子的事，你从来也不过问一下儿！
   B：＿＿＿＿＿＿＿＿＿＿＿＿＿＿＿＿＿＿＿＿＿＿＿＿＿＿＿＿？
3. A：不就是监督监督他做做功课吗？
   B：＿＿＿＿＿＿＿＿＿＿＿＿＿＿＿＿＿＿＿＿＿＿＿＿＿＿＿＿？
4. A：你知不知道，孩子的成绩已经开始下滑了？
   B：＿＿＿＿＿＿＿＿＿＿＿＿＿＿＿＿＿＿＿＿＿＿＿＿＿＿＿＿！
5. A：孩子每天除了学习还是学习，时间长了，就没兴趣了。

B:____?

6. A:真的考不上也没什么,只要以后能自食其力就行。

B:____?

A:____。

7. A:现在是什么时代呀！不努力,就要被淘汰。

B:____。

四、模仿课文,两人一组进行对话。

五、假设姚远回到了家,听到了父母的争吵,三人一组将会话继续下去。

听力练习 2　争论

中国要不要发展汽车工业,小王和小张各有各的看法。请听录音《争论》……

图 14—2

生　词

1.	牵扯	(动)	qiānchě	7.	环保	(名)	huánbǎo
2.	方方面面		fāng fāng miàn miàn	8.	大力	(副)	dàlì
3.	占用	(动)	zhànyòng	9.	绿地	(名)	lǜdì
4.	排放	(动)	páifàng	10.	带动	(动)	dàidòng
5.	废气	(名)	fèiqì	11.	电子	(名)	diànzǐ
6.	本身	(代)	běnshēn				

表达形式

不单是

1．不单是他，所有的人都反对我。

2．不单是想家，还有点儿不适应，水土不服。

◈ 练　　习 ◈

一、听录音，回答问题：

1．这两个人在为什么问题而争论？

2．双方的观点是什么？

3．支持的理由是什么？反对的理由是什么？

二、根据录音内容选择选择正确答案：

1．	A	B	C	D
2．	A	B	C	D
3．	A	B	C	D
4．	A	B	C	D
5．	A	B	C	D
6．	A	B	C	D

三、两人一组，模仿录音内容进行争论。

注意使用下列词语：还用……吗？

你看看……

不单是……

不管你承不承认，反正……

就算……，还有……

你只看到了问题的一面，……

听力练习 3　为了公司的利益

张文先生和刘武先生随王总经理去某省 A 市和 B 市进行了为期两周的考察，为将要成立的分公司——一家海产品加工厂选择厂址。这次考察收获不小……

图 14—3

生　　词

1. 为期	（名）	wéiqī
2. 考察	（动）	kǎochá
3. 沿海	（名）	yánhǎi
4. 战略	（名）	zhànlüè
5. 地理	（名）	dìlǐ
6. 优越	（形）	yōuyuè
7. 投资	（动）	tóuzī
8. 完善	（形）	wánshàn
9. 数目	（名）	shùmù
10. 优惠	（形）	yōuhuì
11. 起步	（动）	qǐbù
12. 争夺	（动）	zhēngduó
13. 大致	（副）	dàzhì
14. 报表	（名）	bàobiǎo
15. 董事	（名）	dǒngshì

表达形式

大致

1. 今天来听讲座的，大致有一百人左右。
2. 我大致地算了一下儿，这次装修得花两万块钱。

◇ 练　　习 ◇

一、听录音，填写下表：（在具备优势的项目下划"√"）

	A　市	B　市
战略地位		
地理环境		
投资环境		
费用标准		
优惠政策		
市　　场		

二、根据录音内容回答：

1. 张先生为什么要把厂建在 A 市？
2. 刘先生为什么要把厂建在 B 市？
3. 总经理是什么意见？
4. 你对这段争论的看法是什么？
5. 你认为哪项条件最重要？

三、对练习一的表逐一进行说明（比较分析）。

表 达 练 习

一、朗读下列句子，注意语音语调：

1. 着什么急？不就是回来晚一点儿吗？
2. 你倒真放心，什么都不管。
3. 你知不知道，孩子这次考试的成绩已经开始下滑了？
4. 不至于吧？不都是八九十分吗？
5. 什么兴趣不兴趣的？我只知道对孩子有时就得强迫，不然怎么能考得上大学？
6. 我难道不知道他累？你以为就你知道心疼孩子？
7. 这还用争论吗？当然要发展！

8. 你看看现在北京的交通！
9. 不管你承不承认，反正现在没地儿停车。
10. 你别听他们的！他们自己家家都有汽车，难道就不许我们有？
11. 你只看到了问题的一面，你想没想到汽车工业的发展能带动多少行业的发展？
12. 我倒认为选择 B 市对我们更加有利。
13. 如果论投资环境，你说的这些环境 A 市也都具备。
14. 除此之外，A 市还具备 B 市所不具备的环境，也就是一套完整的投资服务体系。
15. 我承认你所说的，但是，你别忘了，服务周到，费用标准也跟着上来了。
16. 还有一个重要的因素你没有考虑，那就是市场。

二、按括号中说话人的意向来完成下列会话：

图 14—4(1)

甲：徐宁，过来！

乙：哟，金教练！

甲：昨天的体能训练为什么不参加？

乙：我，我来了一个朋友。

甲：撒谎！

乙：______________________________。（申辩）

甲：那我问你，是朋友重要还是训练重要？

乙：______________________________。（表态）

甲：那你是对教练有意见喽？

乙：________________________________。 （否定）

甲：上次对沙特队的比赛没让你上场，你能没意见？

乙：__________________________。 （不想说出真实想法）

甲：有什么想法你就直说吧！别拐弯抹角的。

乙：________________________________。 （阐述）

甲：不管你怎么想，体能训练你必须参加！否则，对伊朗队的比赛你也别想上场！

乙：____________________________。 （作出保证）

三、根据括号中的要求完成对话：

1．A：普通自行车收费一毛，你这是赛车，要加收一毛！
   B：……（反驳）
2．A：包间有包间的最低消费标准，这个包间的最低消费是700，不包括酒水。
   B：……（抗议）
3．A：给您用的是进口洗发水，所以比普通洗发水贵一倍。
   B：……（怀疑）
4．A：我们这儿卖出的商品一概不退换。
   B：……（质问）
5．A：没看见红灯吗？为什么还不停车？罚款50！
   B：……（申辩）
6．A：为什么上课不注意听讲，在底下做小动作？
   B：……（否定）
7．A：这家旅馆的服务还行吧？
   B：……（指责）

四、会话练习：

要求：尽量选用指定的词语。

1．两个人为看电视发生了争执，一个喜欢看足球，一个喜欢看戏曲。
   （着什么急、固然、不至于、你知不知道……、你不想想……）
2．你的上司经常让你加班，你和他之间发生了争执。
   （总不能……、不单是……、首先是……、就算……还有……）
3．你和你的同事就公司是否需要设立北京办事处的问题交换意见。

（我倒认为……况且……、你说说看、大不了、你别忘了……、什么 A 不 A 的）

五、朗读下列片断（注意角色的感情）：

图 14—4(2)

A：玲玲，我有个问题，不知该不该问？

B：你说！

A：你和田恒的关系……

B：你是想说我太傻，对不对？

A：我是想说！我真不懂，你明知道他有家室，为什么还要跟他来往？

B：因为跟他在一起，我觉得快乐。

A：可是你想过没有？你们这样能持续多久？难道你一辈子不嫁人？他有家有业，当然不必担心，可你呢？你不觉得这样对你太不公平吗？你能得到什么呢？

B：要知道，不是所有的付出都要得到回报，从我跟田恒开始交往的那天起，我就没打算向他要求过什么。所以，我并不觉得有什么不公平。

A：你可以这样想，可我觉得他却不能！他明知道他什么也不能给你，却还要夺去你的感情，耽误你的终身，我觉得他太自私了！

B：田恒不是你所想像的那种人！他的婚姻不幸，但他为了妻子和孩子的幸福，竭力维持着那个家庭，我觉得这正说明了他是个有责任感的男人！如果不是因为遇到了我，他会一辈子都做个忠实的丈夫，做个好父亲！我觉得是我害了他！

A：我知道你爱他，但没想到你竟会痴到这种地步。既然如此，我也就不想说什么了。唉，你好自为之吧！

六、分组辩论：

全班分成两组，就下列问题进行集体辩论。

1. 一组认为田恒应甩掉玲玲，一组认为田恒应和妻子离婚，和玲玲结婚。
2. 最近股票市场波动较大，一方认为会猛涨，一方认为会狂跌。就要不要入市的问题，双方的意见不一致。
3. 一方认为工业的发展给人类带来了危害，一方认为它给人类带来了进步，双方观点不一样，发生了争执。

注意选用下列句式：

我认为……

可我觉得……

不单是……

不管你承不承认，反正……

就算……，还有……

你只看到了问题的一面，……

我知道……，但……

我承认你所说的……，但是……

我可不这么认为……，我觉得……

你别歪曲我的意思，我是说，……

我不这么看，我觉得……

第十五课　喜怒哀乐

本课学习的主要功能：**宣泄与倾诉**

听力练习 1　父亲的爱

不知道在座的诸位挨没挨过父亲的打？没有吗？那么，你们真幸运！我小时候，可是常常挨爸爸的揍！请听录音《父亲的爱》……

图 15—1（2）

图 15—1（1）

图 15—1（3）

生　词

1. 诸位	（代）	zhūwèi	you 各位;諸君 제위, 여러분
2. 录用	（动）	lùyòng	employ 採用する 고용하다, 채용하다
3. 叹气	（动）	tànqì	sigh ため息をつく 숨쉬다
4. 多亏	（动）	duōkuī	thanks to …のおかげで 덕분에
5. 涌	（动）	yǒng	well; pour (水が)わく 내뿜다
6. 顽固	（形）	wángù	obstinate; stubborn 頑固である 고집이 세다, 완고하다
7. 鸡毛蒜皮		jīmáo suànpí	trifles; trivialities つまらないことがら;取るに足らない事がら 시시콜콜하게 따지다, 사소하고 보잘 것 없는 일
8. 狠狠	（副）	hěnhěn	firmly; resolutely ひどく;ものすごく 모질게
9. 揍	（动）	zòu	beat (人を)なぐる 때리다
10. 资格	（名）	zīgé	qualification 資格 자격
11. 一声不吭		yī shēng bù kēng	not say a word ひとことも言わない 한마디 말도 안하다
12. 捶	（动）	chuí	pound; beat with fist 拳で打つ;たたく 두들기다, 두드리다
13. 淘气	（形）	táoqì	naughty わんぱくである;いたずら 말썽피우다

14. 伸出		shēn chū	stretch; extend (伸ばして)出す 내밀다
15. 拳头	(名)	quántou	fist こぶし 주먹
16. 怀(有)	(动)	huái (yǒu)	keep in mind; cherish 心に抱く;もつ 품다
17. 饱含		bǎo hán	fully filled with (ある感情·気持を)いだく 내포하다

表达形式

一、多亏了您我才考上了

"多亏"表示由于别人的帮助避免了不如意的事,含有感谢或庆幸的意思。可带"了"。必带名词、动词或小句作宾语,没有否定式。例如:

1. 多亏没去,去了就赶不回来了。
2. 多亏天亮了,不然还找不到路呢。
3. 多亏他帮忙,不然我还找不到地方呢。
4. 多亏我复习了,不然考试就通不过了。

二、这样一来,妈妈的泪水又涌了出来

"这样一来"前面是事实,后面承接事实引起的结果。例如:

1. 小王想上午去,小李想下午去,最后决定中午去,这样一来,小王和小李都满意了。
2. 老李工资本来就不多,现在妻子又下岗了,这样一来,生活就更困难了。
3. 他对人说话总是很不客气,这样一来,大家都和他疏远了。
4. 他本来就胖,现在又喜欢上了巧克力,这样一来,更加胖了。

三、你怎么能为一些鸡毛蒜皮的事而跟别人打架呢

"为……而……"表示为了某种原因或目的,做出某种行为。"为"后接原因、目的,"而"后接行动。例如:

1. 有人为钱而工作,有人为理想而工作,你呢?
2. 他为帮助朋友而作出了很大的牺牲。
3. 他不是为爱情而结婚的,那是为了什么?
4. 大家不是为考试而学习的吧?

◈ 练　　习 ◈

一、听录音，回答问题：

1. 这篇文章的题目为什么叫“父亲的爱”？
2. 儿子这次挨的打和以往有什么不同？
3. 妈妈为什么哭了？
4. 今天对于“我”来说是个什么样的日子？为什么？

二、根据录音内容选择正确答案：

1.	A	B	C	D
2.	A	B	C	D
3.	A	B	C	D
4.	A	B	C	D
5.	A	B	C	D
6.	A	B	C	D
7.	A	B	C	D
8.	A	B	C	D

三、根据录音内容判断正误：

1. 正（　）	误（　）	6. 正（　）	误（　）
2. 正（　）	误（　）	7. 正（　）	误（　）
3. 正（　）	误（　）	8. 正（　）	误（　）
4. 正（　）	误（　）	9. 正（　）	误（　）
5. 正（　）	误（　）		

四、两人一组，用第三人称复述录音内容。

五、议论与讨论（任选一题）：

1. 你小时挨没挨过父母的打？原因是什么？
2. 你觉得打孩子是不是好的教育方法？为什么？

听力练习 2　兔子快跑！

我属兔，兔子是跑得很快的动物。我老婆总说：兔子快跑！……
请听录音《兔子快跑！》……

图 15—2

生　　词

1. 老婆	(名)	lǎopo
2. 忍心	(形)	rěnxīn
3. 轮(到)	(动)	lún(dào)
4. 编辑	(名)	biānjí
5. 定额	(名)	dìng'é
6. 智力	(名)	zhìlì
7. 钢琴	(名)	gāngqín
8. 电脑	(名)	diànnǎo
9. 舞蹈	(名)	wǔdǎo
10. 绘画	(名)	huìhuà
11. 分工	(名)	fēngōng
12. 夜班	(名)	yèbān
13. 清扫	(动)	qīngsǎo
14. 招聘	(动)	zhāopìn
15. 大专	(名)	dàzhuān
16. 总得	(助动)	zǒngděi
17. 总算	(副)	zǒngsuàn
18. 职称	(名)	zhíchēng
19. 辈	(量)	bèi

表达形式

一、轮到

1. 今天该轮到我值班了。
2. 下一个就轮到我发言了。

二、总得

1. 不能老这样下去,你总得想个办法吧。

2. 你说他忙,抽不出时间,但他总得出点儿钱吧。

三、总算

1. 考试总算结束了,能够好好地休息一下了。

2. 找了两天,总算找到了。

◇ 练　　习 ◇

一、听录音,内容回答:

1. “兔子快跑”的实际意义是指什么?

2. 为什么他下辈子不想再属兔?

3. 你对他的生活有什么看法和建议?

二、根据录音内容选择正确答案:

1.	A	B	C	D
2.	A	B	C	D
3.	A	B	C	D
4.	A	B	C	D

三、根据录音内容判断正误:

1. 正(　　)	误(　　)	6. 正(　　)	误(　　)
2. 正(　　)	误(　　)	7. 正(　　)	误(　　)
3. 正(　　)	误(　　)	8. 正(　　)	误(　　)
4. 正(　　)	误(　　)	9. 正(　　)	误(　　)
5. 正(　　)	误(　　)		

四、两人一组,复述课文内容。

五、模仿课文语气,说一说你每天都忙些什么,你的作息时间表。

听力练习 3　来自异国他乡的一封信

你收到家人和朋友的来信了吗?你数没数过有多少封了?你有没有试着用汉语给什么人写过信?还没有吗?应该有了!学完这一课之后,请你用汉语给你的中国朋友写封信!

请听录音《来自异国他乡的一封信》……

图 15—3(1)　　　　图 15—3(2)

生　词

1. 起初	(名)	qǐchū
2. 无声无息		wú shēng wú xī
3. 穿行	(动)	chuānxíng
4. 声响	(名)	shēngxiǎng
5. 错位	(动)	cuòwèi
6. 时差	(名)	shíchā
7. 恍惚	(形)	huǎnghū
8. 猛然	(副)	měngrán
9. 时光	(名)	shíguāng
10. 应付	(动)	yìngfù
11. 急于	(动)	jíyú
12. 缕	(量)	lǚ
13. 乡思	(名)	xiāngsī
14. 心头	(名)	xīntóu
15. 繁华	(形)	fánhuá
16. 小贩	(名)	xiǎofàn
17. 淹没	(动)	yānmò
18. 百忙之中		bǎi máng zhī zhōng

表达形式

猛然

1. 他一回头，猛然看见那两个人向街对面跑去。
2. 那辆车猛然向他冲了过来。

◇ 练　　习 ◇

一、听录音，回答问题：

1. 这封信给你的感受是什么？你有没有和作者同样的感觉？

2. 你能不能体会到作者目前内心的感受？

二、根据录音内容快速回答：

1. 这封信是写给谁的？

2. 写信人叫什么名字？

3. 这封信是什么时候写的？

4. 作者在飞机上一直感到怎么样？原因是什么？

5. 作者初到异地的感觉是什么？这也许是因为什么？

6. 突然间，作者看到了什么？这一时刻，她才猛然意识到了什么？

7. 初来的时光过得很快的原因是什么？

8. 乡思是怎样一种滋味？

9. 作者常怀念的是什么？

10. 让作者感到快乐的是什么？

三、根据录音内容填写并朗读下列排比句：

1. 我看到人们＿＿＿＿＿＿＿＿＿＿＿＿＿＿＿＿飘来飘去，看到他们＿＿＿＿＿＿＿＿＿＿＿，却总是觉得＿＿＿＿＿＿＿＿＿。

2. 也许，是＿＿＿＿＿＿，也许，是＿＿＿＿＿＿使我精神恍惚吧。

3. 我睁大双眼，看到了无数张＿＿＿＿＿＿面孔在我面前闪过，看到了＿＿＿＿＿的服装，＿＿＿＿＿＿的广告，看到了这异国城市的＿＿＿＿＿＿＿＿＿，这异国特有的一切……

4. 不知从＿＿＿＿＿，也不知从＿＿＿＿＿起，一缕乡思慢慢地涌上心头。

5. 穿行在热闹的人流中，会突然＿＿＿＿＿＿＿＿＿＿＿＿＿＿，会突然＿＿＿＿＿＿＿＿＿＿，会突然想起家乡门前的＿＿＿＿＿＿，想起傍晚回家时＿＿＿＿＿＿，想起我们一起逛街时＿＿＿＿＿＿，想起街上冒着热气的＿＿＿＿＿＿……

6. 不想向你＿＿＿＿＿＿了，不想向你＿＿＿＿＿＿内心的各种感受。

四、完成下列会话(谈感觉、感受):

1. A:今天感觉很难受。

   B:怎么了?

   A:……

2. A:当时的感觉有点儿奇怪。

   B:是吗?

   A:……

3. A:刚到这里的时候觉得一切都很新鲜。

   B:现在呢?

   A:……

4. A:虽然有朋友,但还是感觉很孤独。

   B:为什么呢?

   A:……

5. A:那种思念你很难体会到。

   B:为什么?

   A:……

表 达 练 习

一、朗读下列句子,注意语音语调:

1. 在经济这么不景气的情况下,找工作很难。
2. 原来,妈妈的泪水不是因为我没考上而流的,而是因为我考上了。
3. 唉,该怎么说,怎么说才好呢?
4. 但即使是那时候,他也沉默得像块石头。
5. 你怎么能为一些鸡毛蒜皮的事而跟别人打架呢?
6. 这是在我很长时间没有挨过打之后,在父亲不知道该怎样表达心中的喜悦时,我再次挨了他的打,不是因为淘气!
7. 孩子每天做作业做到那么晚,做父母的能忍心让孩子不多睡十几分钟或者几分钟?
8. 大人怎么都可以,可总不能委屈了孩子吧?
9. 现在讲智力投资,孩子每个月要学钢琴学电脑学绘画学舞蹈……
10. 现在是学历社会,没看连清扫公司招聘,都要硕士学历了,兔子总得弄个硕士学历吧!
11. 也许,是语言不通,也许,是时差使我精神恍惚吧。
12. 这一时刻,我才猛然意识到,我的生活已发生了巨大的变化。

13．不知从什么时候，也不知从哪天起，一缕乡思慢慢地涌上心头。

14．走在繁华的大街上，穿行在热闹的人流中，会突然感到忧郁，会突然想要落泪。

15．我常常想，不知你们此时此刻又在忙些什么？周末朋友们还常常聚集在一起吗？

16．希望你们能在百忙之中抽出时间来给我回封信！

二、下列句子能否换一种说法（使用指定词语）？

1．没有你的帮助我们是不会成功的。（多亏）

2．那个时候，他突然向旁边一跳，躲过了一场车祸。（猛然）

3．虽然已经不在一起工作了，他还是总去看她。（时常）

4．考试容易，真正掌握知识不容易。（应付）

5．你年纪已经不小了，怎么也得找个工作自食其力吧。（总得）

6．他累病了，所以，现在这件事没人管了。（这样一来）

7．他从小就为自己树立了一个目标，长大要当一名音乐家。（为……而……）

8．感谢您的指导！（百忙之中）

9．今天该小强打扫卫生了。（轮到）

10．加班一周了，今天终于完成了任务。（总算）

三、根据说话人意向完成会话：

1．甲：爸爸，老师说让家长在这份考卷上面签字。

乙：今天考试啦？我看看得了多少分。……（激动）

2．甲：小张，我们研究过了，决定批准你的计划，并请求上级拨款实施这个计划。

乙：……（兴奋）

3．甲：我真的不想再找了，我的腿都快要跑断了。再说，现在经济不景气，哪家公司还会进人？

乙：找不到工作，你吃什么？快走吧！

甲：……（愤怒）

4．甲：我们夫妻十年了，难道就没有一点儿感情吗？

乙：感情是感情，爱情是爱情。

甲：……（伤心）

5. 甲:你当初为什么要开美容店呢?

乙:……(后悔)

6. 甲:我这个人没别的毛病,就是有点马虎。

乙:……(厌恶)

7. 甲:我的肚子都快饿瘪了,你能不能先做饭?

乙:厨房有方便面,你去冲两袋吧。

甲:……(抱怨)

8. 甲:按照医院的规定今天是不准探视的,不过,考虑到你的情况比较特殊,所以可以允许你探视十分钟。

乙:……(感激)

四、问答练习:

1. 你最喜欢做的事是什么?
2. 你最讨厌干的事是什么?
3. 你最喜欢的性格是什么样的?
4. 你最不喜欢的性格是什么样的?
5. 你最担心或发愁的一件事是什么?
6. 你最想念或怀念的人是谁?
7. 你最快乐的时光是在什么时候?
8. 你不高兴时如何发泄?
9. 你最喜欢去的地方是哪里?
10. 你目前最需要的是什么?

五、语段表达练习:

从练习四中挑选部分内容,组合成语段,题目是《我》。

六、下列句子什么场合下能听到?它表达了说话人的什么心情?

1.

"真开心!"

"太过瘾了!"

2.

"你给我站住!"

"住口!"

"什么?你再说一遍!"

3.

“呜呜呜……我怎么能不伤心?”

“我什么也不想吃。”

“我活着还有什么意义?”

4.

“我很想你!”

“一见到你,什么烦恼都忘了。”

“和你在一起,感觉总是那么愉快!”

“多么美丽的夜晚哪!”

5.

“我再也不想见到他了!”

“我是不会原谅她的!”

“我恨不得把他杀了!”

6.

“你不觉得自己很无聊吗?”

“真烦人!”

“你还有完没完!”

“这人真讨厌!”

7.

“有什么办法呢?”

“我又不能代替他!”

“你说我又能怎么办?”

8.

“那么好的机会却让我给错过了!”

“我为什么没早点儿跟他说呢?”

“我真不该告诉他。”

七、朗读下列语段:

图 15—4(1)

图 15—4(2)

感　情　的　宣　泄

每个人、每个民族表达情感的方式是不同的。记得上初中的时候,看过一部俄罗斯的故事片《战地浪漫曲》,片子的结尾给我留下了极深刻的印象。男主人公年轻时热恋过的姑娘跟别人结婚的夜晚,男主人公一个人默默地走在大街上，直到天明。突然，他发疯似地冲上去踢大楼的排水管，一个楼一个楼地踢，许多人的头从窗口伸了出来，咒骂这个不知从哪儿冒出来的疯子。你可以想像，一个瘦小的上了年纪的人突然做出这样无聊的举动该有多么地可笑！观众席上爆发出一阵大笑，观众的眼泪都笑出来了，不过，笑声中带着哭泣。观众从男主人公这种反常的举动中感受到了他内心受到的巨大的伤害，观众内心引发出的痛苦与悲伤也在这大笑与大哭的时刻宣泄了出来。我被导演采用这种反常的举动来表现痛苦的艺术手法所震撼，很长时间不能平静下来。

由此想到了另一部美国影片，片名叫《罗杰的烦恼》，讲述一个8岁的有心理障碍的男孩子，连自己的名字"罗杰"的"罗"的音都发不好，经常遭人嘲笑，因离了婚而脾气暴躁的母亲也经常骂他。一次，邻居的大姐姐和男朋友出去旅行，带上了罗杰，三个人在旅途中成为了朋友。从未体验过的温暖与快乐使罗杰恢复了自信，终于发出了"罗"这个音。可是，就在旅行回来后的一个星期，当罗杰再次来到大姐姐家时，却发现大姐姐已因患白血病而死去。罗杰来到了河边，低着头走着。晚霞映照在河面上，河水闪着波光，宁静而美丽。男孩子移动的侧影持续了有两分钟之久，令观众为之心碎。

生活中有爱，有恨，有喜悦，有痛苦，人类的感情是很复杂的，感情宣泄的方式也很复杂，不光是大哭、大笑、大喊、大叫。

八、叙述题：观看一部话剧或电影，说一说你的观后感。

要求：分三部分来进行叙述：

1. 描述最令你感动的场景、人物或画面。

2. 说出你当时的感觉或感受。

3. 由此引发出的感慨或议论。

第十六课　单元练习

听力练习 1　心事

为什么你最近总是注意力不集中？

为什么你最近总是打不起精神？

你有什么心事吗？

能不能告诉我？

请听录音《心事》……

图 16 —1

生　词

1. 心事	（名）	xīnshì	11. 荒漠	（名）	huāngmò
2. 勉强	（动）	miǎnqiǎng	12. 情感	（名）	qínggǎn
3. 放松	（动）	fàngsōng	13. 出发点	（名）	chūfādiǎn
4. 期望	（动）	qīwàng	14. 耽误	（动）	dānwù
5. 无所谓	（动）	wúsuǒwèi	15. 扼杀	（动）	èshā
6. 听其自然		tīng qí zìrán	16. 纯洁	（形）	chúnjié
7. 扣押	（动）	kòuyā	17. 周全	（形）	zhōuquán
8. 跟踪	（动）	gēnzōng	18. 说服	（动）	shuōfú
9. 何况	（连）	hékuàng	19. 不只	（连）	bùzhǐ
10. 书本	（名）	shūběn			

表达形式

一、无所谓

1. 都是一家人,无所谓你的我的。
2. 又不是选美,无所谓漂亮不漂亮。

二、何况

1. 这个问题老师都不知道,何况学生呢。
2. 大考试我都不怕,何况这小测验呢。

三、不只

1. 不只他一个人反对,大家都不同意。
2. 他不只有一个哥哥,还有两个弟弟。

◈ 练　　习 ◈

一、听录音,回答问题:

1. 陈刚的心事是什么?他要反抗的是什么?
2. 老师的态度是什么?老师打算怎样处理这件事?

二、根据录音内容快速回答:

1. 老师发现陈刚最近上课怎么了?
2. 老师提醒陈刚什么?
3. 陈刚对老师的提醒感到怎么样?
4. 陈刚自己是怎么想的?
5. 对陈刚来说,什么是更重要的?
6. 陈刚的生活有了什么变化?
7. 老师对中学生谈恋爱怎么看?
8. 一些家长是怎样做的?
9. 家长的做法产生了什么样的作用?
10. 陈刚是怎样看待那些家长的?
11. 老师认为家长这样做的目的是什么?
12. 陈刚同意老师的看法吗?他怎么看?
13. 老师认为家长和学生之间需要什么?

14．老师打算怎么办？

15．老师要说服的是谁？

三、模仿课文，完成下列会话：

1．A：小李，我发现你最近情绪总是不好，你有什么心事吗？能不能跟我说说？

B：没什么。

A：如果你不想说的话就算了，我只是想：如果我能帮你的话……

B：这种事没人能帮。

A：你遇到什么麻烦了吗？

B：……

2．A：你知不知道大家对你的期望？

B：我知道，你们每个人都这样对我说。

A：那你自己是怎么想的呢？

B：我是想……

3．A：我不知道您明没明白我的意思？

B：我想，你的意思是说，对你来说目前最重要的还不是学习？

A：对，……

4．A：你是不是谈恋爱了？

B：不应该吗，妈妈？

A：当然不能说不应该。

B：这么说来，是应该了？

A：……

5．A：你说我该怎么阻止？

B：办法很多，比如说：禁止出门、扣押信件、跟踪，这不是很多人采取的措施吗？

A：这样做有效吗？

B：……

6．A：可有些人就不这样认为！在他们看来，一个十六岁的少年的心就应该是一片荒漠，没有生命、没有思想、没有情感！

B：但你得承认他们的出发点是为你们好，是怕耽误了你们的学习。

A：……

四、模仿课文，两人一组做会话练习。

听力练习2 屡禁不止

"走千走万，不如淮河两岸"过去居住在淮河两岸的人向别人介绍自己的故乡时，总忘不了骄傲地说上这两句……

图16—2

生 词

1. 屡禁不止		lǚ jìn bù zhǐ
2. 淮河	（专）	Huái Hé
3. 化工	（名）	huàgōng
4. 流域	（名）	liúyù
5. 日益	（副）	rìyì
6. 走访	（动）	zǒufǎng
7. 关闭	（动）	guānbì
8. 停产	（动）	tíngchǎn
9. 游击战	（名）	yóujīzhàn
10. 开工	（动）	kāigōng
11. 癌症	（名）	áizhèng
12. 宏发化工厂	（专）	Hóngfā Huàgōng Chǎng
13. 颁发	（动）	bānfā
14. 防治	（动）	fángzhì
15. 条例	（名）	tiáolì
16. 传达	（动）	chuándá
17. 事故	（名）	shìgù
18. 贫困	（形）	pínkùn
19. 清除	（动）	qīngchú

表达形式

日益

1. 北京的交通问题日益严重起来了。
2. 环境保护日益受到人们的关注。

◇ 练　　习 ◇

一、听录音，回答问题：

1. 近年来，淮河流域的水有了什么变化？
2. 引起这种变化的原因是什么？
3. 国家采取了什么措施来解决这个问题？
4. 问题解决得怎么样了？

二、根据录音内容判断正误：

1.	正（　）	误（　）	6.	正（　）	误（　）
2.	正（　）	误（　）	7.	正（　）	误（　）
3.	正（　）	误（　）	8.	正（　）	误（　）
4.	正（　）	误（　）	9.	正（　）	误（　）
5.	正（　）	误（　）	10.	正（　）	误（　）

三、用自己的话从几方面概括说明一下儿淮河水污染的情况。

1. 过去与现状
2. 造成污染的原因
3. 国家采取的措施及执行情况
4. 你的看法

听力练习 3　小测验

先听录音，然后根据提问，在 A、B、C、D 四个答案中选择一个最恰当的答案，用圆圈圈起来。

1. A. 把碗打了　　B. 和男朋友分手了
   C. 把钥匙锁在房间里了　　D. 把相机弄丢了

2. A. 和丈夫商量　　B. 向丈夫发泄不满
C. 向丈夫提建议　　D. 劝解丈夫

3. A. 7家　　B. 8家
C. 9家　　D. 10家

4. A. 情绪很好　　B. 心情不愉快
C. 身体不舒服　　D. 很少发脾气

5. A. 马上　　B. 早晨
C. 晚上　　D. 不知道

6. A. 他并不伤心　　B. 他并不是为这件事伤心
C. 第一个人不理解他　　D. 第一个人很了解他

7. A. 很感人　　B. 内容很难懂
C. 是给孩子看的　　D. 内容不真实

8. A. 85　　B. 21
C. 18　　D. 100

9. A. 男的有另外的女朋友
B. 男的还不想把他们的关系告诉父母
C. 男的认为自己还不成熟
D. 他们之间的关系很浅

10. A. 学习方法　　B. 生活环境
C. 体育比赛　　D. 课外活动

11. A. 应该多读书　　B. 玩儿的时间太长了
C. 应当适当地休息休息　　D. 又要看书又要运动太累

12. A. 建议对方去看看　　B. 抱怨对方没去阻止
C. 劝对方不要过去　　D. 命令对方去制止他们

13. A. 骑车闯红灯　　B. 对交通警不礼貌
C. 骑车撞了人　　D. 眼睛不好

14. A. 在兄妹们的争吵声中　　B. 在父母的骂声中
C. 在大人们的偏爱中　　D. 在哥哥、妹妹的欺侮中

15. A. 因为她太自私　　B. 因为她喜欢孤独
C. 因为她和她们的作息时间不一样　　D. 因为她和她们的爱好不一样

16. A. 她的缺点越来越多　　B. 她的朋友越来越少
C. 她越来越感到孤独　　D. 她和大家相处得越来越融洽

17. A. 特别漂亮　　B. 特别清秀
C. 长相顺眼　　D. 有事业心和责任感

18. A. 穿上戏装　　B. 对台词
C. 每人拿一张报纸　　D. 每人拿一本杂志

19. A. 感到无话可说　　B. 感觉很后悔
C. 感到对方过于热情　　D. 感觉遇到了知己

20. A. 两人都不现实　　B. 两人都爱开玩笑
C. 两人为人处世很相像　　D. 两人为人处世不太一样

表 达 练 习

一、朗读下列句子,注意语音、语调:

1. 无论发生了什么事,都不要放松了学习。
2. 学习固然重要,但它并不是全部,也不应该是全部。
3. 这种事无所谓应该不应该,得听其自然。
4. 办法很多,比如说,禁止打电话、晚饭以后禁止出门、扣押信件甚至跟踪。
5. 即使我不赞成也不会,何况我并不反对。
6. 在他们看来,一个十六岁的少年的脑子里就只能有书本,他不应该有别的追求。
7. 他的心就应该是一片荒漠,没有生命、没有思想、没有情感。
8. 我真不知道他们是怎么想的!
9. 不管他们是怎么想的,你得承认他们的出发点只有一个,是为你们好,是怕耽误了你们的学习。
10. 由于盲目发展有严重污染的企业,使得淮河流域的水污染日益严重,甚至有人说,淮河流域已找不出一条干净的河流。
11. 不清楚?1.5亿呀,同志!你把这水污染了,1.5亿人喝什么?
12. 从报上来的数字看,关闭污染企业的工作进行得好像还比较顺利。
13. 事实上,一些企业跟我们展开了“游击战”,人来了停产,人一走就开工,或者白天停晚上开。

14. 这个……我们县本来就是个贫困县，化工厂是我们的重要的经济来源，一旦关闭，不是更贫困了……

15. 你既然知道，那我问你，如果都像你这样，只考虑一个县的利益，那国家制定的计划还怎么完成？

16. 别这个那个的了，我要求你立即关闭该企业！

二、完成下列句子(使用指定词语)：

1. A：今天可真是太麻烦你了，不好意思啊！

   B：______________________。(什么A不A的)

2. A：你没经过他的同意就决定了？

   B：______________________。(大不了)

3. A：那个地方有什么好风景？

   B：______________________。(除了……还是……)

4. A：你为什么不催催他？

   B：______________________。(一个劲儿)

5. A：你刚才为什么不和他打招呼？

   B：______________________。(光顾了……)

6. A：好久不见，我说你整天都忙些什么呢？

   B：______________________。(为……而……)

7. A：今天差点儿耽误了大事。

   B：______________________！(多亏)

8. A：你先放桌儿上吧，我现在心里着急，什么也吃不下。

   B：______________________。(总得)

9. A：我觉得国安队就是缺乏经验，要不怎么输得那么惨！

   B：______________________。(不单是)

10. A：只有他一个人反对吗？

   B：______________________。(不只)

11．A：本来以为能赢呢，结果却输了。

B：____________________________________。（这样一来）

12．A：不是说好了一起去的吗？怎么又变了？

B：____________________________________。（猛然）

三、根据说话人的意向完成会话：

1．A：你为什么没有出席昨天的晚会？
B：……（解释）
A：……（反驳）

2．A：这楼道里堆放的这些东西是你家的吗？
B：是啊，怎么了？
A：你看，这些东西堆放在这儿，大家上下楼都感到很不方便……（建议）
B：……（申辩）

3．A：人都说后妈难当，我真是深有体会！
B：……（劝解）
A：……（阐述）

4．A：你醒过来了？
B：我这是在哪儿？
A：在医院，刚才你昏倒在路上了，我就把你送到这里来了。
B：……（感激）
A：……（忠告）

5．A：你喝多了。
B：我没喝多，这点儿酒算什么！
A：……（阻止）

6．A：你记不记得当年，就是在这里我们两人第一次相遇？
B：那都是多少年前的事了。
A：……（感伤）

7．A：把钱拿出来！
B：你要钱干什么？
A：你别管，我让你拿你就拿！
B：……（质问）

四、朗读下列会话：

图 16 — 4

麻　　将

小张：听说国家体育总局要把麻将列为正式体育项目，以后麻将就要和围棋、象棋、桥牌一样，要有全国比赛了。

小赵：这简直是胡闹，麻将怎么能和棋类、桥牌相比？下棋、打桥牌能开发智力、有益于身心健康。麻将？哼，我看最大的特点是算计别人，怎么坑人、怎么自私就怎么玩儿，这样的“智力”还是不开发为好。而且那些人一打起麻将来，不分白天黑夜，既浪费时间，又影响别人休息，更有损于身心健康。说起麻将来我就讨厌，竟然还有人要把它列为体育项目，真想得出来！

小张：我看你对麻将有偏见，下棋、打桥牌就不算计别人了？只要是比赛，就得分胜负，就不能为对手考虑。“友谊第一，比赛第二”只是说说罢了，你还真相信？要说时间，围棋比赛一局要用七八个小时，你这个围棋迷可从没说过“浪费时间”啊！

小赵：还有呢，麻将最可恨的是赌博，那么多人迷上麻将，其实是迷上了赌博！你没看报纸上经常报道，很多人玩麻将赌钱，输得倾家荡产、妻离子散，这都是麻将的罪过。我就想不通，为什么不但不禁止，还要鼓励？

小张：麻将和赌博关系密切，这一点我倒同意你说的，不过，正是为了使麻将和赌博脱离关系，才要把它列为正式的体育项目，加强管理，让麻将变得纯洁起来。

小赵：无论你说得怎么好听，我也不相信。你见过石头变成金子吗？
小张：利用现代科学技术，石头也能变成金子。
小赵：我跟你说正经的呢，你别跟我抬杠。

五、就下列话题组织课堂讨论与辩论：

1. 谈一谈你对拳击运动的看法。
2. 谈一谈你对独生子女政策的看法。

要求：

1. 先陈述各自的观点，进行讨论。
2. 全班分成两组，按正方、反方进行辩论。
3. 选用下列表达方式：

……简直是……
还是……为好
说起……来我就……
要说……，……
不但不……还要……
这一点我倒……，不过……
正是为了……，才……
无论……也……

六、朗诵下列两首诗歌：

一夜肖邦

作者：欧阳江河

只听一支曲子，
只为这支曲子保留耳朵。
一个肖邦对世界已经足够。
谁在这样的钢琴之夜徘徊？

可以把已经弹过的曲子重新弹奏一遍，
好像从来没有弹过。
可以一遍一遍将它弹上一夜，
然后终生不再去弹。
可以

死于一夜肖邦，
然后慢慢地、用整整一生的时间活过来。

可以把肖邦弹得好像弹错了一样。
可以只弹旋律中空心的和弦，
只弹经过句，像一次远行穿过月亮，
只弹弱音，夏天被忘掉的阳光，
或阳光中偶然被想起的一小块黑暗。
可以把柔板弹奏得像一片开阔地，
像一场大雪迟迟不肯落下。
可以死去多年但好像刚刚才走开。

可以
把肖邦弹奏得好像没有肖邦。
可以让一夜肖邦融化在撒旦的阳光下。
琴声如诉，耳朵里空无一人。
根本不要去听，肖邦是听不见的，
如果有人在听他就转身离去。
这已经不是肖邦的时代，
那个思乡的、怀旧的、英雄城堡的时代。

可以把肖邦弹奏得好像没有在弹。
轻点再轻点
不要让手指触到空气和泪水。
真正震撼我们灵魂的狂风暴雨
可以是
最弱的，最温柔的。

面朝大海，春暖花开

作者：海　子

从明天起，做一个幸福的人
喂马，劈柴，周游世界
从明天起，关心粮食和蔬菜
我有一所房子，面朝大海，春暖花开

从明天起，和每一个亲人通信
告诉他们我的幸福
那幸福的闪电告诉我的
我将告诉每一个人

给每一条河每一座山取一个温暖的名字
陌生人，我也为你祝福
愿你有一个灿烂的前程
愿你有情人终成眷属
愿你在尘世获得幸福
我只愿面朝大海，春暖花开

七、选你喜欢的一首诗歌，在班里朗诵。

要求：有节奏、有感情地、大声地朗诵。

第十七课　讨价还价

本课学习的主要功能：洽谈与调查

听力练习1　成交

松岛先生来到中国，和中国实力贸易进出口公司代表诸葛强先生洽谈一笔板栗生意……

图17—1

生　词

1.	成交	（动）	chéngjiāo	clinch a deal 取り引きが成立する;成約する 성사되다
2.	洽谈	（动）	qiàtán	consult; hold talks 商談する 상담하다
3.	板栗	（名）	bǎnlì	Chinese chestnut くり 밤
4.	开门见山		kāi mén jiàn shān	come straight to the point ずばりと本論に入る;さっそくですが 단도직입적으로
5.	报价	（动）	bàojià	quoted price オファー 오퍼
6.	购买	（动）	gòumǎi	buy 購買する;買う 구매하다
7.	减产	（动）	jiǎnchǎn	reduction of output 減産 감량 생산
8.	上涨	（动）	shàngzhǎng	rise (値段が)高くなる 올라가다
9.	官方	（名）	guānfāng	of or by the government 政府筋;お役所がわ 정부측
10.	幅度	（名）	fúdù	range 幅 폭
11.	种植	（动）	zhòngzhí	plant; grow 栽培する 심다
12.	统计	（动）	tǒngjì	count; add up 統計する 통계
13.	差别	（名）	chābié	difference 差異;格差 차이
14.	整体	（名）	zhěngtǐ	whole 全体 온,총체

15. 一分钱一分货		yī fēn qián yī fēn huò	the value deserves the money 品が変われば値段も変わる 제값하다
16. 挑选	（动）	tiāoxuǎn	choose 選ぶ;選択する 고르다
17. 把关	（动）	bǎguān	check on きびしく検査する 검사하다
18. 签	（动）	qiān	sign (a contract) 調印する;(契約を)結ぶ 사인하다

表达形式

一、<u>您知道的</u>，价格没有长期不变的

"您知道的"是口语中常用的短句，常用来说明原因、介绍情况等。例如：

1. 您知道的，现在的服装流行起来快，淘汰得也快。
2. 不是我不给你优惠，您是知道的，我这个价钱已经是最低的了。
3. 我们的价格很合理，您知道的。
4. 我并不是不想去，您也知道的，这件事不是我说了算。

二、我们的报价是最低的，<u>这一点</u>，相信松岛先生是最清楚的

"这一点"相当于"这个"或"这方面"，常用来强调某一事物或原因。例如：

1. 你是老板，我只是为你打工，这一点，我很清楚。
2. 他待人很热情，这一点，你比不上他。
3. 他不愿意和我们住在一起？我从没想到这一点。
4. 正是因为这一点，你才容易被别人利用。

◇ 练　　习 ◇

一、听录音，回答问题：

1. 诸葛强先生为什么说："这个价格一点儿也不贵"？
2. 松岛先生为什么认为价格贵？
3. 诸葛强先生在什么情况下才给优惠？
4. 最后双方以什么价格成交的？成交量是多大？

二、根据录音内容选择正确答案：

1. A B C D
2. A B C D
3. A B C D
4. A B C D

三、根据录音内容填空：

1. 但我______贵国官方的统计资料中__________，贵国今年的种植面积比去年增加了______，有______地区产量还有所增加。因此，贵方报价提高________，幅度是__________。

2. __________松岛先生注意到__________，这个统计资料是全国范围的，各个地区__________很大。而平均数字是________________各地的详细情况的。

3. 我这里有一些资料，____________________________都没有这么高，____________一些怎么样？

4. 我们的板栗都是经过________挑选的，________把关，________都是最好的。____________，在我们双方多年的合作中，相信松岛先生是最清楚的。

5. 我们公司从来没有优惠的，____________购买量超过100吨，我们________会考虑。

四、根据录音内容将下列说法补充完整。

松　岛：价格贵
诸葛强：减产
松　岛：种植面积、个别地区产量
诸葛强：地区差别、质量
松　岛：其他公司报价
诸葛强：我方报价依据

五、根据上面提供的谈话线索，两人一组做会话练习。

听力练习2　谈判二则

生　　词

1. 款式	（名）	kuǎnshì	13. 西亚	（专）	Xīyà
2. 搭配	（动）	dāpèi	14. 花朵	（名）	huāduǒ
3. 制	（动）	zhì	15. 图案	（名）	tú'àn
4. 功能	（名）	gōngnéng	16. 西欧	（专）	Xī'ōu
5. 警告	（动）	jǐnggào	17. 畅销	（动）	chàngxiāo
6. 把手	（名）	bǎshou	18. 花卉	（名）	huāhuì
7. 外形	（名）	wàixíng	19. 码	（量）	mǎ
8. 美观	（形）	měiguān	20. 交代	（动）	jiāodài
9. 左撇子	（名）	zuǒpiězi	21. 价钱	（名）	jiàqián
10. 真丝	（名）	zhēnsī	22. 公道	（形）	gōngdào
11. 方巾	（名）	fāngjīn	23. 夸	（动）	kuā
12. 样品	（名）	yàngpǐn	24. 传真	（名）	chuánzhēn

表达形式

一、这倒是，不过……

1. A：你不是可以找小王帮你吗？
   B：这倒是，不过他最近很忙，不知道他有没有时间？
2. A：你再好好想想，先别急着决定，不是还有两个星期的时间吗？
   B：那倒是，不过，已经有人报名了。

二、向……交代

1. 你可得好好学习啊，不然，我怎么向你父母交代？
2. 你最好在这上面签个字，我回去好向老板交代。

◎ 练　习 ◎

一、听录音(一),回答问题:

图 17—2(1)

图 17—2(2)

1. 这款冰箱的特点是什么?
2. 这位顾客希望价格便宜的理由是什么?

二、两人一组,模仿录音(一)做会话练习。

三、听录音(二),回答问题:

图 17—2(3)

1. 刘成根据什么报价5.36美元？
2. 刘成为什么没有跟珍妮讨价还价？
3. 珍妮第二次来的时候，说是来看其他图案的，她这么说的目的是什么？

四、根据录音(二)的内容填空：

1. 这是＿＿＿＿＿＿地区＿＿＿＿＿的小花朵图案，这些花鸟鱼虫图案是＿＿＿＿＿＿最喜欢的，＿＿＿＿＿市场＿＿＿＿＿这种现代花卉图案……
2. 这个价太高了，太高了。我如果＿＿＿＿＿＿＿进货，回去无法向老板＿＿＿＿＿。
3. 不，珍妮小姐，这个价钱是非常＿＿＿＿＿＿＿＿的。
4. 我与您是第一次做生意，需要建立＿＿＿＿＿＿，我决定不＿＿＿＿＿您的＿＿＿＿＿。
5. 我想，做成了这笔生意，您的老板一定会＿＿＿＿＿＿您的。

五、两人一组，做会话练习。

购买下列物品：新式的汽车、电脑、旅游纪念品、书等等。

听力练习3　三城市夏秋季饮料消费调查

你想知道夏秋季节人们喜欢喝什么吗？目前我们对北京、上海、广州三个城市的近千名消费者进行了调查，结果如何呢？请听录音《三城市夏秋季饮料消费调查》……

生　词

1. 饮料	(名)	yǐnliào	9. 矿泉水	(名)	kuàngquánshuǐ
2. 饮用	(动)	yǐnyòng	10. 群体	(名)	qúntǐ
3. 即饮	(形)	jíyǐn	11. 性别	(名)	xìngbié
4. 果味		guǒ wèi	12. 饮食	(名)	yǐnshí
5. 型	(名)	xíng	13. 口味	(名)	kǒuwèi
6. 碳酸	(名)	tànsuān	14. 喜好	(名)	xǐhào
7. 纯正	(形)	chúnzhèng	15. 柔和	(形)	róuhé
8. 果汁	(名)	guǒzhī	16. 加热	(动)	jiārè

◇ 练　习 ◇

一、根据录音内容,填写下表:

表一　喝得最多的饮料类型及频率

饮料类型	秋季消费		夏季消费	
	排序	频率	排序	频率
即饮茶	3	12.7%	3	6.4%
果味型饮料				
碳酸饮料				
奶类饮料				
纯正果汁				
矿泉水、纯净水				
其　他	\		\	
合　计	\		\	

表二　饮料消费群体的性别结构单位(%)

	碳酸饮料	矿泉水纯净水	果味型饮料	纯正果汁	奶类饮料	即饮茶
男	45.6			33.3		
女	54.4			66.7		

表三　饮料消费群体的年龄结构单位(%)

年龄组	碳酸饮料	矿泉水纯净水	果味型饮料	纯正果汁	奶类饮料	即饮茶
14~20	17.1					
21~30		28.8				
31~40			23.0			
41~50				10.3		
51~60					9.3	
>60						18.6

表四　夏秋季饮料消费群体的地区差异比较

地区 \ 特点		口味较柔和	汽少一些的	可以加热的	新鲜的果汁	味道浓一些	味道淡一些	纯水类就行	果汁类多一些
北京	序号	1				6			
	百分比	56.1				31.1			
上海	序号			1					4
	百分比			60.2					36.1
广州	序号				1				5
	百分比				59.7				40.3

二、对照上表，说明调查结果，分析一下其中的原因。

表达练习

一、朗读下列句子，注意语音、语调：

1. 您是知道的，价格没有长期不变的。今年由于北方气候异常，造成了大面积减产，价格普遍上涨。
2. 贵方报价提高10%，是太贵了。
3. 不知道松岛先生注意到了没有，这个统计资料是全国范围的。
4. 我这里有一些资料，其他许多公司的报价都没有这么高，优惠一些怎么样？
5. 我们公司从来没有优惠，除非购买量超过100吨，我们才会考虑。
6. 我希望这个灰再浅一点儿，就能和我的厨房的颜色搭配了，这几种颜色都不太搭配。
7. 一般来说，白色的和什么颜色都能配。
8. 这个对我们来说没有多大意义，我儿子有胃病，医生警告说是绝对不能让他吃冰！
9. 不过，门都是从左到右开的，可是我们全家都是左撇子，很不方便。
10. 几方面都不太理想，我想你们应该便宜点儿才对！
11. 这个价太高了，太高了！我如果按这个价进货，回去没法向老板交代。

12. 这个价钱是非常公道的。
13. 我与您是第一次做生意,需要建立友谊,我决定不赚您的钱。
14. 这个价与欧洲市场比应该是相当便宜的,那里最高可以卖到每码30美元。
15. 我想,做成了这笔生意,您的老板一定会夸您的。

二、选词填空:

(搭配、特别、成交、俗话、人工、价钱、警告、签、左撇子、除非)

1. 请大家举杯,为我们第一笔生意的________干一杯!
2. 张先生,我们这次来主要是想看看样品,具体到________是多少呢,那好说。
3. 人们的穿着越来越讲究了,越来越注意衣服和帽子、手套、提包和鞋的颜色的________。
4. 在幼儿园里,老师总是想办法纠正________的孩子,让他们和大多数人一样,习惯用右手做事。
5. 我________你,如果你下次再这样的话,我就对你不客气了!
6. 这样的画倒不难画,就是________费时间。
7. 既然大家都同意,那我们就按这个价格________合同吧!
8. 人都是要面子的嘛!________说:"人活脸面树活皮"。
9. 在自然条件下生长的这种植物需要几十年的时间,而在________条件下一年就可以成熟。
10. 你可以不听我们的意见,________你能拿出更好的方案。

三、下列各句能否换一种说法(使用指定词语):

1. 这是我们今年的新产品,功能更全,质量更好,请您看一看。 (过目)
2. 三力牌电脑去年6000元一台,今年7000元了。 (上涨)
3. 这种价格是经过严格计算的,不会赚你的钱,我也不会太吃亏,对咱们双方来说都很合理。 (公道)
4. 产品越符合人们的要求,销售量也就越大。 (畅销)
5. 你可别说他好,一说他好,他连自己是谁都不知道了。 (夸)
6. 这冰箱还挺漂亮的! (外形)
7. 我这个人很爽快,说话不会兜圈子,见面就谈事。 (开门见山)
8. 这是件样品,都不太好了,您给我便宜一点儿吧! (优惠)

四、两人一组,完成下列对话:

1. A:妈妈,今天我回家可以看《米老鼠和唐老鸭》了吧?

B:那要等你练完琴再看。

A:又是练琴,妈妈,我不学钢琴了好不好?

B:不行!……

A:……

图 17—4(1)

2. A:甩了,甩了!快来买啊!全市最低价,新款毛衣、外套!

B:这外套多少钱?

A:80 一件,均码。

B:……

A:……

图 17—4(2)

五、搞一次市场调查：

要求：

(1) 两人一组，去附近的几家商场对几种物品做一次调查，把调查结果填在下面的表格中。

(2) 记录两组和售货员的精彩对话。

商品市场调查(一)

	商品调查记录
调查时间	
调查商场	
货物名称	
货物品牌	
生产日期	
零售价	
同类商品最高价	
商品特点	
日销售量	
保质期	
保修期	
其他信息	

商品市场调查(二)

	商品调查记录
调查时间	
调查商场	
货物名称	
货物品牌	
生产日期	
零售价	
同类商品最高价	
商品特点	
日销售量	
保质期	
保修期	
其他信息	

商 品 调 查 记 录(一)	
调查时间	
调查地点	
被调查者	
谈 话 记 录	

商品调查记录(二)	
调查时间	
调查地点	
被调查者	
谈话记录	

六、自由表达练习：

两人一组，表演你们采集到的精彩对话。

第十八课　刨根问底

本课学习的主要功能:**追究与探询**

听力练习1　治愈心灵的创伤

如果身体受了伤,我们会很快到医院看医生;那么,如果情感受了伤呢?我们要请求心理医生的帮助。请听录音《治愈心灵的创伤》……

图 18—1

生　词

1. 创伤	（名）	chuāngshāng	wound 傷 상처
2. 必定	（副）	bìdìng	be bound to きっと,必ず,まちがいなく 꼭
3. 不忠		bù zhōng	disloyal うわきをする 충실하지않다
4. 屈指可数		qū zhǐ kě shǔ	very few 指折り,数えられるほどわずかだ 손꼽아 헤아릴수 있다, 손꼽을 정도이다
5. 相安无事		xiāng ān wú shì	live in peace with each other お互いあいだに何のもめごともない 서로다툼없이 화목하게지내다
6. 黑夜	（名）	hēiyè	dark night 夜 밤
7. 烦	（形）	fán	vexed 苦悶する,いらいらする 가슴이 답답하다
8. 充实	（形）	chōngshí	substantial 充実している 충실하다, 풍부하다
9. 异性	（名）	yìxìng	the opposite sex 異性,性別の異なる人 이성
10. 理睬	（动）	lǐcǎi	pay attention to 相手にする 아랑곳하다, 거들떠보다
11. 设想	（动）	shèxiǎng	imagine 想像する,仮想する 상상하다, 가상하다
12. 总共	（副）	zǒnggòng	altogether 全部で 모두, 합쳐서
13. 和解	（动）	héjiě	become reconciled 和解する,仲直りする 화해하다

14. 丧失　　（动）　sàngshī　　lose
失う，喪失する
잃어버리다, 상실하다

表达形式

一、因为现在……我<u>对</u>别人<u>没有</u>什么<u>吸引力</u>了

"对……（没）有吸引力"是一个固定格式，中间一般为名词、名词性词组、代词、代词性词组。例如：

1. 在目前的市场上，这种新产品对顾客还是很有吸引力的。
2. 应该说，这种传统的服务方式对在中国已经学习了三四年的留学生已经没有什么吸引力了。
3. 这种玩具对成人也很有吸引力。
4. 这部古老的爱情故事片对人们没有什么吸引力了。

二、你结婚后，有没有男人仍<u>对</u>你<u>抱有好感</u>

"对……抱有好感"是一个固定格式，中间一般为名词或代词。例如：

1. 都发生了这样不愉快的事，我不明白你为什么还对他抱有好感！
2. 我们几个都不怎么喜欢这种人，小宣却一直对他抱有好感。
3. 初次见面，我就对这位幽默的年轻人抱有好感。
4. 真没想到，我会对他抱有好感，我一直以为我不会喜欢这种类型的人。

◇ 练　习 ◇

一、听录音，回答问题：

1. 这位女士为什么来看心理医生？
2. 心理医生询问了她哪几方面的情况？
3. 这位女士婚前和婚后的生活怎么样？
4. 心理医生想让这位女士明白一个什么事实？
5. 如果别人遇到了类似的情况，你会怎样劝他？

二、根据录音内容，把心理医生的谈话思路理清楚：

（　　）要是你结束了这段婚姻，你实际上会失去什么呢？
（　　）那么在你认识他以前，你觉得过得有意思吗？
（　　）你婚后的生活怎么样？
（　　）你是否有过真正的婚姻？
（　　）假设他离开了你，你为什么就不能和别的人再好好相处呢？

(　　　) 认识他以前你觉得过得挺好,为什么非有他不可,没有他你就活不下去了呢?

(　　　) 你们俩在一起的时候,你觉得你快乐吗?

(　　　) 你为什么要结束生命?

(　　　) 你和他连一点和解的可能都没有了吗?

三、根据录音内容填空:

1. 生命____________________,你为什么想结束生命呢?

2. 你说没有他你活着____________,那么____________,你觉得过得有意思吗?

3. 既然在认识他以前你觉得过得挺好,为什么你还认为________________,没有他你就____________________?

4. 假设他离开了你,那你为什么就不能________________________呢?

5. 你结婚后,________男人________________________?

6. 你和他连________________________都没有了吗?

7. 要是你从来没有过真正的婚姻,________________你结束这段婚姻时,你实际上不是____________________吗?

四、思考并回答:

1. “没有他,我活着毫无意义。”你同意这种看法吗?

2. 请用这位女士的语气叙述你对这段婚姻新的看法。

(1)婚前一个人的生活

(2)婚后的生活

(3)和丈夫在一起的时候

(4)和别人在一起的时候

(5)生命的价值

听力练习 2　保险咨询

你了解保险吗?你想投保吗?你知道该怎样向保险公司咨询吗?请听录音《保险咨询》……

生　　词

1.	安康保险公司	（专）	Ānkāng Bǎoxiǎn Gōngsī
2.	代理	（动）	dàilǐ
3.	承办	（动）	chéngbàn
4.	人寿险	（名）	rénshòuxiǎn
5.	险种	（名）	xiǎnzhǒng
6.	投保	（动）	tóubǎo
7.	忽略	（动）	hūlüè
8.	潜伏	（动）	qiánfú
9.	风险	（名）	fēngxiǎn
10.	刹那	（名）	chànà
11.	变数	（名）	biànshù
12.	给予	（动）	jǐyǔ
13.	补偿	（动）	bǔcháng
14.	地步	（名）	dìbù
15.	开支	（名）	kāizhī
16.	负担	（动）	fùdān
17.	交付	（动）	jiāofù
18.	分期	（副）	fēnqī
19.	寿险保障金		shòuxiǎn bǎozhàng jīn
20.	长远	（形）	chángyuǎn
21.	意外伤害险		yìwài shānghài xiǎn
22.	划算	（形）	huánsuàn
23.	上门服务		shàngmén fúwù

表达形式

一、就……来说

1. 这种新型的电视，就其技术性能来说，已经达到了国际先进水平。
2. 就目前的状况来说，实验已经不适宜再继续搞下去了。

二、刹那

1. 在他即将离开的一刹那，我突然想起他就是我二十年没见的老同学。
2. 他猛地拉开瓶盖，刹那间，房间里立刻充满了难闻的药味儿。

三、到……地步

1. 周围的环境已经到了让人不能忍受的地步了。
2. 到了今天这个地步，我们还能说什么呢？

◎　练　　习　◎

一、根据录音内容快速回答问题：

1. 安康保险公司承办哪些方面的保险？
2. 人寿险有哪些险种？

3. 这位顾客一直犹豫要不要投保的原因是什么?
4. 保险代理人是怎样劝她买保险的?
5. 为什么保险代理人建议顾客买医疗保险?
6. 重大疾病险的费用如何交付?
7. 保险代理人建议顾客为她的女儿买什么险种?

二、根据录音内容选择正确答案:

1. 正( )	误( )	5. 正( )	误( )
2. 正( )	误( )	6. 正( )	误( )
3. 正( )	误( )	7. 正( )	误( )
4. 正( )	误( )	8. 正( )	误( )

三、两人一组,模仿课文做对话练习。

四、自由表达练习:

1. 你买过保险吗?
2. 你了解中国保险业的情况吗?
3. 介绍保险业在你的国家发展的情况。

听力练习 3　网上人生

图 18—3

现代生活中有这样一个群体,他们每天都忍不住想上网泡上几个小时,网上生活已经成为他们生活中不可缺少的一部分。人们给这个群体起了个名字——网虫。请听录音《网上人生》……

生　词

1. (互联)网	(专)	(Hùlián)Wǎng
2. 忍不住		rěn bù zhù
3. 上网		shàng wǎng
4. 泡	(动)	pào
5. 网虫	(名)	wǎngchóng
6. 专用	(动)	zhuānyòng
7. 后者	(名)	hòuzhě
8. 个性	(名)	gèxìng
9. 恐龙	(名)	kǒnglóng
10. 约束	(动)	yuēshù
11. 相识	(动)	xiāngshí
12. 相差	(动)	xiāngchà
13. 以至于	(连)	yǐzhìyú
14. 比尔·盖茨	(专)	Bǐ'ěr·Gàicí
15. 角落	(名)	jiǎoluò
16. 伴随	(动)	bànsuí
17. 嚓嚓作响		chāchā zuò xiǎng
18. 鼠标	(名)	shǔbiāo
19. 界限	(名)	jièxiàn
20. 障碍	(名)	zhàng'ài
21. 开拓	(动)	kāituò

表达形式

一、忍不住

1. 看着小柳那着急的样子,我们都忍不住笑了起来。
2. 当时我忍不住问了一句:“你们这么说,有什么根据吗?”

二、以至于

1. 他装得太像了,以至于我都没有认出他来。
2. 陈大夫在这一带的名气太大了,以至于百里以外的许多病人都来找他看病。

三、正如……所说

1. 正如老李所说:“没有爱情的婚姻是不道德的婚姻。”
2. 我们这些人,正如人们所说的那样——“上有老,下有小”,是负担最重的。

◇ 练　习 ◇

一、听录音,概括课文大意。

二、根据录音内容选择正确答案:

1.　　A　　B　　C　　D

2.	A	B	C	D
3.	A	B	C	D
4.	A	B	C	D
5.	A	B	C	D

三、根据录音内容填空：

1. 名字用中文、英文、数字都__________，但有一点是重要的，那就是名字一定要________！要让其他网虫看了__________。
2. 许多网虫朋友在网上已经是老相识了，____真的见面后都很吃惊，因为__________和__________相差太远了，____________会问："你该不会是盗版的吧！"
3. 如果你认为网上只谈论电脑的事那你就________，网上谈论的内容，可能在生活中你____________________。
4. __________比尔·盖茨所说："在互联网上，________知道是一个人____________一条狗坐在电脑前……"

四、根据录音内容复述课文。

五、你对互联网了解多少？你是网虫吗？你的身边有没有网虫？谈一谈他们的表现。

表 达 练 习

一、朗读下列句子，注意语音、语调：

1. 你没有他就没法活了，嗯……那么你们俩在一起的时候，你觉得你快乐吗？
2. 没有他你活着没意思，那么在你认识他以前，你觉得过得有意思吗？
3. 既然在认识他以前你觉得过得挺好，为什么你还认为非有他不可，没有他你就活不下去了呢？
4. 你说你没有他，一切都没有了，可你说你七年中都没怎么见过他，是吗？
5. 你和他连一点和解的可能都没有了吗？
6. 你是否有过真正的婚姻？

7. 要是你从来没有过真正的婚姻，那么你结束这段婚姻时，你实际上不是什么也不会丧失吗？
8. 你们公司都承办哪些方面的保险？
9. 我想问问，人寿险都有哪些险种？
10. 我一直很犹豫要不要投保，因为就我目前的状况来说，还没这个必要。
11. 不幸的发生，往往就在一刹那之间。
12. 您看，我今年40岁，身体很健康，保什么险比较合适呢？
13. 这个险的费用是多少？怎么支付呢？
14. 从没有听说过哪个网虫在网上用自己的真实姓名。
15. 名字用中文、英文、数字都无所谓，但有一点是重要的，那就是名字一定要有个性！要让其他网虫看了永远都不会忘记。
16. 由于没有任何约束，网虫在网上的表现可能和生活中的他完全不同。

二、选词填空：

（设想、充实、忽略、专用、角落、以至于、忍不住、刹那）

1. 我们医院一些大夫工作经验不足，又不善于学习，＿＿＿＿＿造成了这么重大的医疗事故，对此，我们要负主要责任。
2. 我进门的时候，看见他正坐在房间的＿＿＿＿里，很害怕的样子。
3. 头疼得厉害极了，他终于＿＿＿＿＿＿＿＿＿＿大叫起来。
4. 在小宣回头的一＿＿＿＿＿＿，我分明看见她的眼里满含着泪水。
5. 本室电话为消防＿＿＿＿＿＿＿＿电话，概不外借，敬请原谅。
6. 回想那段和他们生活在一起的日子，虽然很艰苦，但却很＿＿＿＿。
7. 支持他竞选总统的人非常非常地少，基本上可以＿＿＿＿＿。
8. 在中学的时候，我就＿＿＿＿＿＿＿＿过要过这种生活。

三、表达练习（使用指定词语）：

你发觉你的好朋友最近总是不太高兴，你通过和他谈话，了解到他失恋了（或失业了、和周围的人相处得不太好），你开导他。

（到……的地步、怎么会……呢、知不知道、连……的可能都没有了吗）

四、按括号中说话人的意向来完成下列对话：

A：请问，你能不能再次确认，你那天晚上确实是9点20分进的电影院？

B：……（十分有把握）

A:好。我再问你,你进场的时候电影开演了吗?

B:……(肯定)

A:这就怪了。我到这家电影院调查过了,他们一向习惯9点25分开始放映,你9点20分进场,为什么电影已经开演了呢?

B:…… (改口,9:25开演)

A:好,就算你看错表了,你是9:25进场的,据我调查,这家电影院习惯在正片放映前先放3分钟广告片,2分钟预告片。那么请问,那天晚上电影院放映了哪些广告片?

B:……(借口没在意)

A:难道你对自己公司的广告都没兴趣吗?

B:……(肯定,但借口记不清是什么)

A:那又错了。我去那家电影院调查过,他们跟你们公司没有任何业务联系,也从来没有放映过你们公司的广告片,那天晚上也不例外。我再问你,那天晚上放映了哪些预告片?

B:……(否定)

A:你对广告没有兴趣,难道你对预告片也没有兴趣?

五、朗读下列语段:

你去哪儿看牙?

牙科疾病是生活中的常见病,当你牙疼的时候,你会去哪儿看牙呢?是去大医院的口腔科,还是去私人诊所?

我们都有这样的经验,走进大医院的口腔科,第一个感觉就是看病的人太多了。随着生活水平的不断提高,人们开始认真地关注自身的健康,尤其是以前不太重视的口腔健康。可是由于各家医院口腔科能力有限,这就造成了医疗服务和需求之间的紧张。大医院口腔科一般都采取限号制,一天限挂200个号左右;即使这样,口腔科的大夫还是忙得团团转。于是,病人常常有等待时间过长、大夫治疗不够认真仔细、治一颗牙要跑三四趟之类的抱怨。相对来说,私人诊所的病人较少,看病一般都不需要等候,随到随看;而且由于病人少,医生也就有了和病人充分交流的时间,大多数病人反映私人诊所里的医生都会耐心地解答各种问题,比如病人的牙齿到底有什么问题、应该如何治疗、有几种治疗方法、各种方法有什么优缺点、花费是多少等等。跟大医院口腔科的嘈杂相比,私人诊所还有一个优点,那就是环境安静,甚至一个病人一个诊室;治疗中还有背景音乐远远地传来,有利于病人放松。

当然，病人最关心的，还是治疗的效果。大医院的优势在于质量有保证，管理比较严格，像消毒什么的都能让病人放心；另外，口腔科大夫一般都经过正规教育，技术水平相对较高，这一点也是私人诊所无法与之相比的。而私人诊所呢，除少数退休医生经验比较丰富以外，有很多大夫都不太专业，甚至是半路转行的江湖"游医"，这实在让病人放心不下。我的一位朋友就曾经到一家小诊所补牙，大夫态度很好，自称在山西治牙非常有名，那位朋友就补了两颗牙。开始感觉还不错，可是没过多久又坏了，只得重补。

六、表达练习：

1. 试比较大医院口腔科和私人诊所的优缺点。
2. 你是否有过在中国看牙的经历？
3. 试述牙医（或其他医生）在你们国家的情况。

第十九课　避重就轻

本课学习的主要功能：**回避与推脱**

听力练习 1　追债

甲公司和乙公司多年来一直保持着良好的合作关系。由于资金不足，甲公司的林经理曾以公司的名义向乙公司借款五十万元，约好半年后还。半年过去了，乙公司多次派人去催，都被拒绝了，理由是林经理已经辞职，带着钱跑了。现在的陈经理对以前的问题不负有任何责任。

这一次，乙公司派去了有追债经验的李小姐……

图 19—1

生　词

1. 债	（名）	zhài	debt 借金;債務 빚
2. 不足	（形）	bùzú	not enough 足りない 부족하다
3. 名义	（名）	míngyì	name 名義 명의
4. 辞职	（动）	cízhí	resign 辞職する 사직하다
5. 不当	（形）	bùdàng	improper 適当でない;当をえない 부당하다
6. 亲兄弟明算账		qīn xiōngdì míng suànzhàng	the credit must be calculated clearly even between blood brothers 実の兄弟でも金銭ははっきりすべきである 친형제간에도 계산은 똑바로 해야 한다
7. 眼下	（副）	yǎnxià	at present いまのところ 현재
8. 追究	（动）	zhuījiū	look into; find out 追及する 추궁하다
9. 在于	（动）	zàiyú	lie in …にある ~ 에 달려 있다
10. 实不相瞒		shí bù xiāng mán	tell the truth ほんとに偽りは申しません 숨김없이 이야기하다
11. 欠条	（名）	qiàntiáo	a bill signed in acknowledgement of debt; IOU 借用証書 차용서
12. 乘人之危		chéng rén zhī wēi	take advantage of sb.'s precarious position 人の足えを見る;人の困っているのにつけこむ 다른 사람의 위기를 틈타서

13. 想必　（副）　xiǎngbì　most probably
きっと…だろう
반드시, 틀림없이

14. 法庭　（名）　fǎtíng　court
法廷
법정

15. 答复　（动）　dáfù　reply
返答;返事
회답

16. 何必　（副）　hébì　there is no need; why
…する必要はないではないか;…しなくてもいいじゃないか
구태여 뭐 하러

17. 信用　（名）　xìnyòng　credit
信用
신용

表达形式

一、甲公司的林经理曾以公司的名义向乙公司借款五十万元

"以……的名义"的意思是指做某事时用来作为依据的名称或称号。例如：

1. 诸位来宾,请允许我以公司董事会的名义向大家表示感谢!
2. 小芳以全班同学的名义看望了生病的杨帆。
3. 请允许我以主人的名义对大家的光临表示感谢!
4. 他以顾客的名义对这家饭店的服务进行了暗访。

二、我只不过是跟你解释一下儿我们的困难,你看你……

"你看你……"是个口语句式,表示埋怨、责怪。前后有说明原因的句子。在双方都明白所指时,可单独使用。例如：

1. 你看你！怎么把房间弄得这么乱呀!
2. 这点钱都算不清楚,你看你!
3. 你看你,我说了多少遍了,你还是这样。
4. 我只不过说了你几句,你看你!

三、实不相瞒

"实不相瞒"意思同"说实话"、"不瞒你说",表示所说的是真实的。例如：

1. 你别说这些了,实不相瞒,我对这些不感兴趣。

2．实不相瞒，我并不喜欢他这种做法。

3．实不相瞒，我今天是偷跑出来的。

4．这里的情况，实不相瞒，已经到了很糟糕的地步。

四、（我们）之所以拖了这么久，也是考虑到两个公司之间的关系

"之所以……也是……"，是口语中常用的句式，上半句说明事情的结果，后半句解释其原因，后边常与"是因为"搭配。例如：

1．我之所以反对这个提议，也是考虑到它的花费太高。

2．公司之所以派你出席这个会议，也是因为信任你呀！

3．这儿的污染之所以这么严重，是因为在发展中忽视了环境保护。

4．今天的菜价之所以贵了一倍，也是由于气候突然变冷的缘故。

五、李小姐何必生这么大气呢

"何必"是用反问语气表示"没有必要"。例如：

1．既然又不会下雨，何必要带伞呢？

2．涉外婚姻是很正常的，何必大惊小怪？

3．这么点小事生这么大气，何必呢？

4．开个玩笑，你何必这么认真呢？

◈ 练　　习 ◈

一、听录音，回答问题：

1．陈经理为什么不还钱？他找了哪些借口？

2．针对陈经理的借口，李小姐是如何一一进行反驳的？

3．这次追债的结果怎么样？

二、根据录音内容判断正误：

1．正（　　）	误（　　）	4．正（　　）	误（　　）
2．正（　　）	误（　　）	5．正（　　）	误（　　）
3．正（　　）	误（　　）	6．正（　　）	误（　　）

三、根据录音内容填空：

1．A：如今他跑了，你们__________要债，________________呢？

B：你们公司由于用人不当造成了损失，我们对此____________，但是亲

兄弟明算账，这钱＿＿＿＿＿＿吧？我们都等了快一年了。

2．A：钱＿＿＿＿＿＿借的，＿＿＿＿＿＿借的。别人不还我的债，我＿＿＿＿＿来还你的债？

B：陈经理，话这么说就不对了，＿＿＿＿是姓林的办的，但＿＿是你们公司欠的，因为所有的钱都是＿＿＿＿＿借的，而不是＿＿＿＿＿。用人不当是你们公司＿＿＿＿的事，而欠债是你我＿＿＿＿＿的事……

3．A：这笔钱我们＿＿＿＿不想还，＿＿＿＿目前实在是没钱呀，连工资＿＿＿快发不出来了，＿＿有钱还债啊？

B：我手上有你们职工的工资条，钱还＿＿＿＿＿呢！而我们公司这个月已经到了开不出工资的＿＿＿＿＿了。

4．A：这个嘛……＿＿＿＿＿＿，我把欠我钱的厂家的欠条给你，这＿＿＿＿＿＿了吧？

B：欠我们钱的＿＿您，＿＿＿别人，我＿＿＿＿＿要去向别人要呢？

5．A：我＿＿＿一直在为你想办法啊！你＿＿＿这样逼我，＿＿＿乘人之危＿＿＿？

B：我们＿＿＿＿乘人之危，早就上法庭了，＿＿＿＿＿拖了这么久，＿＿＿＿考虑到两个公司之间的关系。

四、根据录音内容并参考练习三，两人一组做对话练习。

五、根据提供的情景，两人一组做表达练习。

朋友向你借了几本书，说好一个月还，一个月过去了，他还没有还，你每次呼他，他都不回，你打算去他家向他要回来。

听力练习 2　责任

昨晚发生在万事兴商业大厦的一场火灾，到今天凌晨5点，已经被扑灭。据悉，火灾的发生是由于商场值班人员吸烟引起的，本台记者以最快的速度赶到了火灾现场，进行现场采访……

生　词

1. 万事兴	(专)	Wànshìxīng	10. 迟	(形)	chí
2. 大厦	(名)	dàshà	11. 吸取	(动)	xīqǔ
3. 凌晨	(名)	língchén	12. 局面	(名)	júmiàn
4. 扑灭		pū miè	13. 镜头	(名)	jìngtóu
5. 据悉	(副)	jùxī	14. 消防	(名)	xiāofáng
6. 现场	(名)	xiànchǎng	15. 严	(形)	yán
7. 痛心	(形)	tòngxīn	16. 灭火器	(名)	mièhuǒqì
8. 上任	(动)	shàngrèn	17. 科室	(名)	kēshì
9. 主管	(动)	zhǔguǎn			

表达形式

据悉

1. 据悉，参加这次活动的都是知名的作家、艺术家。
2. 据悉，这家工厂要破产了。

◇ 练　习 ◇

一、听录音，回答问题：

1. 汪经理对事故责任是怎么看的？
2. 肖副经理又是怎么看的？
3. 保卫处的工作人员是怎么说的？
4. 你同意他们的看法吗？

二、根据录音内容选择正确答案：

1.	A	B	C	D
2.	A	B	C	D
3.	A	B	C	D

三、思考并讨论：

1. 你认为汪经理、肖副经理、保卫处负责人对这场火灾有没有责任？责任在谁？为什么？

2. 你认为他们的回答能否令人满意？为什么？
3. 你有什么好的建议？

四、成段表达练习：
说一说这三个人是如何推卸责任的。
（要求：将事情的来龙去脉交代清楚。）

听力练习3　相声《说钱》

在汉语里常常一个词有很多种说法，如果你不想直说的话，不妨拐个弯……

请听相声《说钱》……

图 19—3

生　　词

1. 相声	（名）	xiàngsheng	4. 今非昔比		jīn fēi xī bǐ
2. 拜年	（动）	bàinián	5. 富裕	（形）	fùyù
3. 磕头	（动）	kētóu	6. 发	（动）	fā

7. 家底儿	（名）	jiādǐr		12. 皮夹子	（名）	píjiāzi
8. 活期	（形）	huóqī		13. 卡	（名）	kǎ
9. 两肋插刀		liǎng lèi chā dāo		14. 现金	（名）	xiànjīn
10. 买单	（动）	mǎidān		15. 钞票	（名）	chāopiào
11. 结账	（动）	jiézhàng				

表达形式

一、挨个儿

1. 别着急，我一会儿挨个儿给你们看。
2. 这批产品质量不可靠，你可要挨个儿检查！

二、拿……不当……

1. 你们怎么能无故冤枉顾客呢？这可真是拿人不当人。
2. 每天都是半夜三四点钟才回来，拿家不当家，当旅馆了。

◇ 练　　习 ◇

一、听相声，说说他们都用了哪些词来代替“钱”字？

二、根据录音内容完成句子，并用其他词语来替换“钱”这个词。

1. 我给各位拜年，并不是为了________________。

____

2. 我知道你们家现在可是________________了。

____

____

____

____

____

____

3. 每次跟朋友吃饭你都是抢着________________。

____

____

____

4. 小饭店不收卡，没办法你只好给人家________________。

____

____

____

三、想一想，下列意思还可以用哪些委婉语来表达：

死了——

病了——

犯罪——

厕所——

四、参考练习二，两人一组练习这个相声。

表 达 练 习

一、朗读下列句子，注意语音、语调：

1. 你们找我要债，我向谁要呢？
2. 你们公司由于用人不当造成了损失，我们对此表示同情，但是亲兄弟明算账，这钱早晚总得还吧？
3. 有人欠了你的债，也有人欠了我的，别人不还我的债，我拿什么来还你的债？
4. 用人不当是你们公司内部的事，而欠债是你我两个公司之间的事……
5. 要不这样，我把欠我钱的厂家的欠条给你……
6. 您别跟我说这个，欠我们钱的是您，不是别人，我干嘛要去向别人要呢？
7. 李小姐何必生这么大气呢？
8. 我呢，刚上任才两个星期，对一些情况还不太熟悉，安全问题呢，目前是由肖副经理主管。
9. 事情已经发生了，现在说什么都太迟了，不管怎么说吧，还是说明我们平时对职工教育不够。

10. 你问具体工作啊，这个嘛……啊……我就不大清楚了，负责具体工作的是保卫部门。

11. 可有的人就是不听，结果还是国家受损失，对此我们一定从严处理。

12. 我给各位拜年，并不是为了……那个。

13. 他这个人拿钱不当钱。

14. 你知道我知道大家都知道。

二、用指定词语完成对话：

1. A：我现在急等着钱用，你看你上次借的钱能不能……早点还？

 B：你放心好了，________________________________。（早晚）

2. A：最近生意怎么样啊？

 B：____。（眼下）

3. A：王阿姨，下个星期我要去外地看亲戚，大约要一个星期的时间，家里的事就拜托你帮着照看一下儿，好吗？

 B：______________________________________。（实不相瞒）

4. A：赵先生，您好！很高兴认识您！

 B：认识您我也很高兴，______________________。（以……的名义）

5. A：你既然不相信我，就别让我干了！

 B：__________________________________。（你听我说……）

6. A：哎呀，我不知道你也想去！我只买了四张机票，没买你的，怎么办呢？

 B：__________________________________。（要不这样……）

7. A：周力，恭喜你获得的巨大成功！你真了不起！

 B：_______________________________。（之所以……也是……）

8. A：我半天不在家，儿子就把家里弄得乱七八糟的，真气死我了！

 B：____。（何必）

9. A：你这次期末考试考得怎么样？

 B：____。（总算）

10. A：这种牌子的烟，我们这儿从来没卖过。

B:______________________________。(想必)

三、根据说话人意图完成下列对话:

1. A:这条河的污染,是不是跟你们厂排放的废水有关?

B:______________________________。(转移目标)

2. A:这两幅作品都能入选,可我们只能选一幅,您看选哪幅?

B:______________________________。(推脱)

3. A:小刘啊,好久不见了,听说你辞职了,到底是怎么回事呀?

B:______________________________。(绕开话题)

4. 老师:王红,昨天的听力口语课怎么没来上呀?

王红:______________________________。(寻找借口)

5. A:告诉你个不幸的消息,你可要节哀。

B:是不是姥姥她……

A:是的,______________________________。(回避)

6. A:政策不是已经传达了吗?为什么还有那么多人不知道?

B:______________________________。(避实就虚)

四、朗读下列对话,注意第二个人的回答方式:

1. A:你今年多大了?
B:你看呢?

2. A:你结婚了吗?
B:你是不是想关心关心我?

3. A:你每个月能拿多少钱?
B:没多少。

4. A:你每个月的生活费要多少?
B:不一定,有时候多,有时候少。

5. A:你觉得王力这个人怎么样?
B:我跟他没什么接触,不大了解。

6. A:听说你们公司总经理和副总经理的关系不好,是吗?
B:我也不太清楚,你最好去问问别人。

7. A:你们公司下一步的计划是什么?

B:你能保密吗?

A:我能。

B:我也能。

8. A:前边就是我们家,到我们家坐一会儿吧!

B:不了,不了,今天还有事,改天吧!

9. A:老刘,我给你带了点儿东西,请收下。

B:你的心意我领了,东西我不能要。

10. A:当年你辞职究竟是什么原因呀?

B:都过去的事了,就让它过去吧!

11. A:你们俩好好的,怎么分手了?

B:缘分尽了。

12. A:下星期去旅行,你到底去不去?

B:到时候再说吧!

五、朗读下列短文:

王民生导演答记者问

记者甲:电影是否是你生活的全部?

王民生:为什么要这么说?你要是不吃不喝不睡的话,你怎么拍电影?这个问题等于没问,电影不能是我生活的全部。

记者乙:你拍的很多电影都参加了国际影展,你是否觉得自己是一个成功的导演?

王民生:你们这些记者问的问题怎么都差不多?参加了国际影展的导演就等于成功的导演吗?"成功"二字要看你怎么看,成功是你自己怎么看自己,而不是别人怎么看你。如果有人说我是成功的导演,我觉得这很无聊,我不觉得自己成功。

记者丙:你曾经说过,你是因为喜爱电影,工作起来才这样地投入,你是否会一直这样干下去?

王民生:你说的"一直"是到什么时候?八十就不行了,八十就拍不动了。我这个人很笨,也没什么别的特长,大概只好就这么下去了。

记者甲:什么时候你比较焦躁?

王民生:你跟我说话的时候,我就比较焦躁。我不知道什么时候能离开,大家在等着我拍戏呢!

记者甲：那么，我马上离开你就高兴了吗？

王民生：那也不一定，高兴有很多种。我把一个镜头拍好了，很高兴；我和我的家人在一起，很高兴；跟朋友在一起，也很高兴。不一样的高兴，你说的是哪一种？

记者乙：你做导演是追求成功，还是表达自己的内心感受？很多导演选择后者。

王民生：这是一个需要成功的行业，没有一个导演不希望成功。哪个导演如果说不想成功，那是骗人。

记者乙：那么你是哪一种？

王民生：我是一个努力工作的导演，就像你们今天在现场看到的。我想我既要求成功也要求表达自己。但能不能做到，是另外一回事。我尽力了。

记者丙：听说今天这个戏，你在十年前就开始准备了？

王民生：反正是比较长的时间吧。要想拍好不容易，所以得多花点时间做准备。

记者甲：这十年当中，你还拍了别的影片？

王民生：当然了，十年中不但拍了别的影片，而且每天都在吃饭睡觉。

六、自由表达练习(任选一题)：

1. 朋友得了重病，你去看他，他很想知道自己真实的病情，但你为了尊重他家人的意见，不能告诉他。

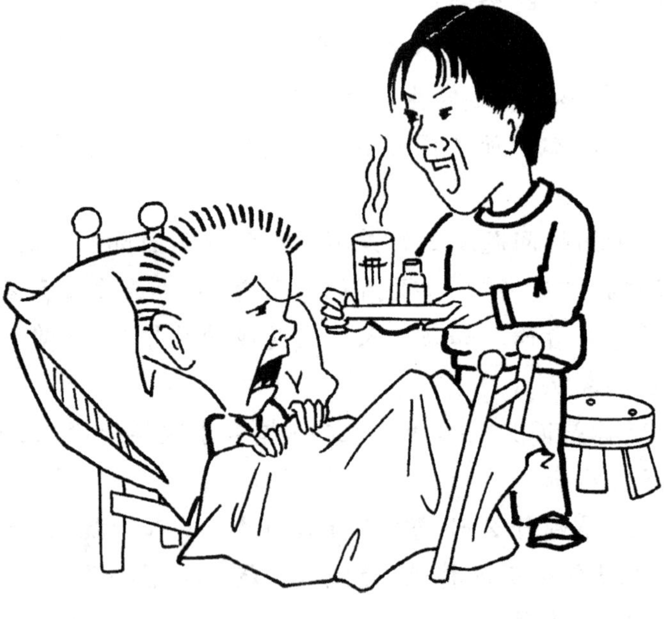

图 19 — 4(1)

2. 你是一个成功的企业家，别人向你询问有关私生活的问题。

图 19 — 4(2)

第二十课　单元练习

听力练习 1　维修

前天，我买了一台扫描仪，回到家里就急急忙忙地开始安装。哪知，不但装不上，而且电脑也因此不能用了。我想：一定是……这个扫描仪有问题！得打电话问问他们……

图 20—1

生　词

1. 维修	（动）	wéixiū		7. 主机	（名）	zhǔjī
2. 扫描仪	（名）	sǎomiáoyí		8. 万不得已		wàn bù dé yǐ
3. 安装	（动）	ānzhuāng		9. 盗版	（形）	dàobǎn
4. 死机	（动）	sǐjī		10. 软件	（名）	ruǎnjiàn
5. 现场	（名）	xiànchǎng		11. 正版	（形）	zhèngbǎn
6. 演示	（动）	yǎnshì				

表达形式

是这么回事……

1. 是这么回事,小王今天病了,所以想请你给他代两节语法课。
2. 是这么回事,我下学期还想继续进修,不知道领导批不批?

◈ 练　　习 ◈

一、听录音,回答问题:

1. 消费者为什么要给这家店打电话?
2. 消费者为什么认为是扫描仪的问题?
3. 老板认为是什么地方的问题?
4. 你觉得是什么问题?

二、根据录音内容理清说话人的思路:

老板的思路	消费者的思路
○是你的 Word 和 Windows 有问题。	○我怎么搬得了呢?还是你过来吧!
○你用的是盗版软件。	○我用了几年都没问题,是产品的问题吧?
○你那很多盘都没有,万一需要怎么办?	○不到万不得已是不会求您帮助的。
○没有上门服务!	○正是因为你说好,我才会买的。
○我们的产品绝对没问题!	○我用的是正版软件。
○一定是电脑的毛病,你带过来修!	○你把盘带过来。

三、试用消费者和老板的口气陈述他们各自的观点(使用指定词语):

1. 消费者:安装、怎么可能呢、万不得已、辛苦
2. 老板:稳定、绝对、上门服务、麻烦

听力练习 2　留学生活

我们大家都是来中国留学的,那么你知道中国留学生在国外的情况吗,比

如在英国？下面请听录音《留学生活》……

生　词

1. 天地	（名）	tiāndì	9. 动机	（名）	dòngjī
2. 攻克	（动）	gōngkè	10. 签证	（动）	qiānzhèng
3. 住宿	（动）	zhùsù	11. 当天	（名）	dàngtiān
4. 陪读	（动）	péidú	12. 委托	（动）	wěituō
5. 公寓	（名）	gōngyù	13. 办理	（动）	bànlǐ
6. 次	（形）	cì	14. 省心	（动）	shěngxīn
7. 排解	（动）	páijiě	15. 配偶	（名）	pèi'ǒu
8. 力所能及		lì suǒ néng jí	16. 接收	（动）	jiēshōu

表达形式

一、尽可能

1. 我尽可能帮你找，但不一定能找得到。
2. 这样吧，我们尽可能去说服他，但结果怎么样还不敢说。

二、仅次于

1. 这次比赛，刘军总成绩253分，仅次于张营，获得第二名。
2. 据一项调查表明，在未来人们对家电的需求中，冰箱仅次于彩电。

◇ 练　习 ◇

一、听录音，回答问题：

1. 刚到国外，为什么肯定会感到不习惯？
2. 录音中介绍了留学生活几个方面的情况？
3. 为什么作者说“尽可能不要与本国学生住在一起”？
4. 在英国，获得旅游签证需要什么条件？
5. 如何办理陪读手续？

二、根据录音内容判断正误：

1. 正（　　）　　误（　　）　　3. 正（　　）　　误（　　）
2. 正（　　）　　误（　　）　　4. 正（　　）　　误（　　）

5. 正(　　)　　误(　　)　　7. 正(　　)　　误(　　)
6. 正(　　)　　误(　　)　　8. 正(　　)　　误(　　)

三、在你的国家有没有中国留学生？你知道不知道他们的生活情况？

听力练习3　小测验

先听录音，然后根据提问，在A、B、C、D四个答案中选择一个最恰当的答案，用圆圈圈起来。

1. A. 非常理想　　B. 比较满意
   C. 凑合　　D. 很糟糕
2. A. 火势很严重　　B. 火势不严重
   C. 大火已经被扑灭了　　D. 大火很快被扑灭了
3. A. 喜欢　　B. 讨厌
   C. 不太好　　D. 没印象
4. A. 顾客不会为得到赠品而购买　　B. "买一送一"对顾客有吸引力
   C. 什么都不送更好　　D. 赠品应该更值钱才有吸引力
5. A. 顾客　　B. 歌唱家
   C. 记者　　D. 企业家
6. A. 哪里！哪里！　　B. 不客气
   C. 这是哪儿的话呀？　　D. 同喜！同喜！
7. A. 海七　　B. 京欣一号
   C. 农科一号　　D. 没有说明
8. A. 比你想的还苦　　B. 想不了那么多了
   C. 苦点没关系　　D. 现在不同了
9. A. 对第一个人的话很赞同　　B. 希望早点儿实行
   C. 最好不实行　　D. 对第一个人的话表示怀疑
10. A. 夫妻　　B. 兄妹
    C. 同学　　D. 恋人
11. A. 不给就不给了　　B. 钱还是得给
    C. 不应该给也得给　　D. 本来就不必给
12. A. 真后悔来　　B. 幸亏来了
    C. 真不该来　　D. 又白来一趟
13. A. 高兴　　B. 吃惊

C. 气愤　　D. 不耐烦

14. A. 因为功能太少　　B. 因为它只能算个数字
    C. 因为功能不能删　　D. 因为顾客不很满意

15. A. 同意第一个人的看法　　B. 反对第一个人的看法
    C. 我无所谓　　D. 怎么都行

16. A. 许多事情无法做到　　B. 发现自己的健康受到威胁
    C. 对人类生存能力的怀疑　　D. 对生命的空虚

17. A. 防御寒冷和毒蛇　　B. 人为的紧张环境
    C. 食物的缺乏　　D. 恶劣的天气

18. A. 兴奋的　　B. 乐观的
    C. 忧虑的　　D. 轻松的

19. A. 大徒弟回来得快　　B. 大徒弟认真
    C. 大徒弟诚实　　D. 大徒弟找到了自己的答案

20. A. 做事情不应该太认真　　B. 不要放过身边的任何机会
    C. 追求完美的想法是最重要的　　D. 自己的感觉是最重要的

听力练习 4　歌　曲

(请教师自备歌曲录音)

一、你听过这些歌吗?

1.《有你　有我》

2.《知心爱人》

3.《迟来的爱》

二、选取其中的一首,听歌曲,填歌词:

____

____

____

____

____

____

三、学唱这首歌。

表 达 练 习

一、朗读下列句子，注意语音、语调：

1．我觉得会不会是你们的扫描仪有问题？

2．什么？主机也得带上吗？哎哟，我可怎么拿呀，我一个人搬不动呀！你还是派人过来吧。

3．我们没有上门服务这个项目！

4．我过去的话，你那儿很多盘都没有，万一需要的话怎么办？所以，还得你来！

5．那就麻烦你把要用的盘带过来，总比我带两个大机器容易呀！你就多辛苦一趟吧！

6．那去的话，我得下班后。嗯……下班后还有点事，估计得9点以后。

7．由于语言、文化、气候、居住环境的不同，刚到国外，肯定会感到不习惯。

8．英国有很多退休的老人，他们很善良，也很孤独，很欢迎外国学生住进去。

9．如果跟旅游团一起去的话，既便宜又省心，但时间不自由。

10．特别要指出的是，英国政府不允许留学生打工，这也是有明确规定的。

二、选词填空：

（您知道的、到……地步、之所以……也是……、以至于、何必、对……有吸引力、向……交代、以……名义）

1．这场演唱会一定得办好，不然，我无法__________老板__________。

2．你这台电脑____________不好用，____________因为各部分没有按要求安装。

3．没有漂亮的包装，产品再好，__________顾客也不会__________。

4. 你即使下岗了也不会穷________他那种________。

5. ________，这份工作非常辛苦，况且报酬也不高，您可要想好了干还是不干！

6. 他怎么也没想到会在异国他乡遇见她，________激动得跳了起来！

7. 我________老板的________正式通知你，你被解雇了！

8. 他又不是故意的，你________生这么大的气呢！

三、用指定词语完成会话：

1. A：这么好的东西都扔了，现在的孩子可真浪费！

B：________________。（拿……不当）

2. A：咱们这么做，我总觉得不太合适。

B：________________。（万不得已）

3. A：怎么回来得这么晚？也不打个电话？

B：________________。（实不相瞒）

4. A：这两天，我一直在打电话找你都找不到，你去哪儿了？

B：________________。（是这么回事）

5. A：你不愿意去郊区居住，是不是因为太不方便了？

B：________________。（这倒是，不过……）

6. A：我还是想买辆旧车，我觉得新的太贵了，你说呢？

B：________________。（正如……所说）

7. A：先生，你能不能给我演示一下儿这台机器都有哪些功能？

B：________________。（挨个儿）

8. A：听说豆豆的舞跳得特别好！

B：是啊！________________。（仅次于）

四、根据题目要求完成对话：

1. A：你们好！我叫周围，我应聘总经理秘书。

B：你好，周围，先简单地介绍一下你的经历。

A：……

B:……

（详细询问应聘人的特长、爱好以及对该工作的了解）

2. A:你好,永久保险公司吗?

B:是啊,您有什么问题?

A:……

B:……

（询问保险的种类、费用、保险范围及不保险范围）

3. A:风华公司吗?我去年买了一台你们公司的洗衣机,一直没用过,今年你们又出了新的款式,功能增加了,我想能不能用我这台换一台新的?差多少钱我可以补齐。

B:我们有规定,除非有质量问题,我们不给退换。

A:……

B:……

（强调洗衣机没用过、功能少、可以加钱、出于对该公司的信任）

4. A:今天是咱们队跟12号楼的足球比赛,赶快来吧!就差你一个了!

B:我不去了,我作业没写完。

A:……

B:……

（双方讨价还价、一方想让人替他写作业,一方想让对方帮忙赢球）

五、朗读下列短文:

阻碍成功的不良习惯

你有才能、有抱负、有专长,然而你的事业却总不能像你所预期的那样顺利进行。问题究竟出在哪里?其实你的失败可能与你的工作毫无关系,而常常被人们忽视的办公室社交能力才是关键所在。

如果你不了解是哪些方面的因素对你产生了负面影响,我可以给你一些有益的忠告。我提醒你定期对你自身在工作中的行为进行一次全面的检查,在你确定努力的目标之前,首先扫除你自己身上存在的一些阻碍成功的不良习惯。

习惯之一:经常性迟到

想一想,你上班或开会是不是经常迟到?经常迟到会使你的老板或同事对你产生反感,它反映出你是个只考虑自己、缺乏合作精神的人。

措施:计算你到达目的地所需要的精确时间,并给出10分钟的富余。如果你讨厌等待,你也应该多替别人想一想。

习惯之二:拖延

虽然你最终完成了工作,但拖延会使别人产生疑问:是什么原因使他耽误了工作呢?是因为缺少热情和责任心吗?还是因为工作能力的问题?总之,不管是什么原因,都不会给对方留下好的印象。

措施:如果你面临一个大的工程,不妨把它们分成一块块小的、低风险的部分,每天在规定时间内完成一部分。

习惯之三:健忘

忘记名字、电话号码和时间都会使你显得不专心,在老板看来,你就显得缺乏条理,甚至于不能胜任工作。

措施:初次见面时,要认真地听别人的介绍,如果允许,要一张名片。随身携带一个小小备忘录以记住每天的时间安排,做完一个就勾掉一个。

习惯之四:敌对情绪

当有人向你提出建设性批评时,马上反驳或攻击对方都是不成熟的表现,因为这意味着你不愿意完善自己。此外,这还会破坏你和同事之间的关系,使他们不愿再给你提建议或与你交往。

措施:学会对自己的行为负责,要保持谦虚诚实的态度。如果你受到不公平的待遇,要耐心地解释以寻求解决的办法,带着敌对情绪不利于解决任何事情。

想一想,你有没有这些不良的习惯?

六、自由表达练习:

1. 谈谈你或你的朋友是否有上述语段中所说的不良习惯。

2. 谈谈你选择学汉语是出于什么考虑以及你未来的打算。

提示:A. 当时的环境:社会环境、生活环境、学习环境

B. 个人的看法、心态

C. 某个事件的影响

D. 对未来的考虑

第二十一课　言之有据

本课学习的主要功能:**阐述与推理**

听力练习 1　人机大战

你听说过"深蓝"这个名字吗？它当然不是一个人,它是一台电脑。而正是这台电脑曾经引发了一场是人脑聪明还是电脑聪明的争论。请听录音《人机大战》……

图 21—1

生　词

1. 计算机　（名）　jìsuànjī　computer
コンピューター
컴퓨터

2. 游戏　（名）　yóuxì　game
ゲーム(をする)
게임

3. 大都　（副）　dàdōu　mostly
ほぼ;ほとんど
대개, 대체로

4. 作战　（动）　zuòzhàn　conduct operations
作戦;戦う
전투하다, 작전하다

5. 王　（名）　wáng　king
王;最高の地位にあるもの
왕

6. 加里·卡斯帕罗夫　Jiālǐ·Kǎsīpàluófū　(*name of a person*)
ユーリー·カスパロフ
한 사람의 이름

7. (卡)氏　(Kǎ)shì　(*used after the surname of a famous person*)
(カスパロフ)氏
성

8. 象棋　（名）　xiàngqí　chess
将棋
장기

9. 自信　（形）　zìxìn　self-confident
自信が強い;自信をもつ
자신

10. 打败　（动）　dǎbài　defeat
打ち負かす;負ける
물리치다, 이기다

11. 代价　（名）　dàijià　price; cost
代価
대가

12. 攻势　（名）　gōngshì　offensive
攻勢
공세

13. 局　（量）　jú　set
セット
세트

14. 负　（动）　fù　lose; be defeated
負ける
지다

15. 比分　（名）　bǐfēn　score
得点；スコア
득점, 스코어

16. 应变　（动）　yìngbiàn　meet an emergency
突発事態に対処する
응변하다

17. 维持　（动）　wéichí　keep
維持する
유지하다

18. 帷幕　（名）　wéimù　heavy curtain
幕
(장)막

19. 最终　（副）　zuìzhōng　at last
最終
맨 마지막

20. 话题　（名）　huàtí　topic
話題
화제

表达形式

一、玩过电脑游戏的人<u>大都</u>会这么说

“大都”表示大多数、大部分。也说“大多”。例如：

1. 认识张经理的人大都知道他的这个习惯。
2. 去过三峡的人大都听说过神女峰的传说。
3. 他的作品大都出版于近几年。
4. 山上的树叶大都红了。

二、电脑专家<u>则</u>说，卡氏不能走错任何一步棋

“则”，连词，在这里表转折，只能放在主语之后，不能放在主语之前。例如：

1. 小钱坚持要参加象棋比赛，小张则保留自己的看法。
2. 刘武认为B市的投资环境很好，张文则认为A市的“软”环境对公司发展更为有利。
3. 张朋打算毕业后找一家公司工作，他爸爸则坚持让他读研。
4. 做一件好事并不难，做一辈子好事则不那么容易。

三、……最后终于以3胜2平1负的比分取得了胜利

“……胜……平……负”表示比赛的输赢情况，“胜”指胜利，“平”指平局，“负”指失败，“以……胜……平……负的比分(成绩)……”是报道体育比赛成绩常用的格式。例如：

1. '98全国足球甲A联赛，大连万达队以6胜4平1负的成绩获得了冠军。
2. 华裔球手张德培以5战2胜2平1负的成绩排名第二。
3. 这次校园象棋大赛，小李以5胜1平1负的战绩夺得冠军。
4. 小高在这次比赛的预赛中，不幸以1胜1平5负的成绩被淘汰出局。

四、1997年5月3日，人机大战再次拉开帷幕

“帷幕”是挂在舞台上的幕布，“拉开帷幕”用来表示演出或体育比赛开始。表示结束则说“降下帷幕”。例如：

1. 我校第十二届艺术节于5月4日拉开帷幕。
2. 昨天晚上“健力宝”杯中国乒乓球邀请赛在天津降下了帷幕。
3. 世界园艺博览会即将在昆明拉开帷幕。
4. 本届亚运会于1月18日在泰国曼谷降下帷幕。

五、最终果然打败了对方

“最终”表示“最后”、“末了”。例如：

1. 你不要太着急，我相信他最终还是会同意的。
2. 尽管犯罪分子作案的技术相当高，但最终还是被侦破了。
3. 你的最终目的是什么呢？
4. 他尽了最大努力，最终还是没能获得冠军。

◈ 练　　习 ◈

一、听录音，概括课文大意。

二、根据录音内容快速回答问题：

1. “深蓝”是什么？
2. 加里·卡斯帕罗夫是谁？
3. 为什么说卡斯帕罗夫跟“深蓝”的比赛是卡氏在同自己的错误作战？
4. 卡斯帕罗夫跟电脑“深蓝”一共进行了几次比赛？成绩如何？
5. 第一次比赛之后电脑“深蓝”有哪些变化？
6. 为什么有人说“深蓝”连最笨的人也比不上？

三、根据录音内容判断正误：

1. 正（　）	误（　）	5. 正（　）	误（　）
2. 正（　）	误（　）	6. 正（　）	误（　）
3. 正（　）	误（　）	7. 正（　）	误（　）
4. 正（　）	误（　）	8. 正（　）	误（　）

四、试用下列词语叙述两次比赛的情况：

1. 首局、随后、终于、……胜……平……负……
2. 再次、最终、果然、打败

五、你认为人脑聪明还是电脑聪明，为什么？

听力练习2　美国签证哲学

林小姐去年夏天申请自费去美国留学。遭到拒签后，曾经到多家留学服务公司寻求帮助，但都被拒绝。不止一家的代理人看完她的材料后认为毫无希望，劝流着眼泪的她："忘了这回事吧！"但最近却有消息说林小姐马上就要前往美国了。你知道她是如何拿到签证的吗？请听录音《美国签证哲学》……

生　词

1. 申请	（动）	shēnqǐng
2. 拒签		jù qiān
3. 死马当活马医		sǐ mǎ dàng huó mǎ yī
4. 移民	（动）	yímín
5. 倾向	（名）	qīngxiàng
6. 托福	（专）	Tuōfú
7. 足以	（副）	zúyǐ
8. 空洞	（形）	kōngdòng
9. 反驳	（动）	fǎnbó
10. 无话可说		wú huà kě shuō
11. 博士	（名）	bóshì
12. 自豪	（形）	zìháo
13. 杰出	（形）	jiéchū
14. 讨	（动）	tǎo
15. 说法	（名）	shuōfǎ
16. 气概	（名）	qìgài
17. 展望	（动）	zhǎnwàng
18. 乞讨	（动）	qǐtǎo
19. 恩惠	（名）	ēnhuì
20. 入境	（动）	rùjìng

表达形式

一、足以

1. 光这一点就足以证明他的能力了。

2. 这些事实足以说明问题。

二、无话可说

1. 证据就摆在眼前，他感到无话可说。
2. 跟她在一起，他总觉得无话可说。

◇ 练　　习 ◇

一、根据录音内容判断正误：

1. 正（　）	误（　）	6. 正（　）	误（　）
2. 正（　）	误（　）	7. 正（　）	误（　）
3. 正（　）	误（　）	8. 正（　）	误（　）
4. 正（　）	误（　）	9. 正（　）	误（　）
5. 正（　）	误（　）	10. 正（　）	误（　）

二、根据录音内容填空：

1. ________，没有足够的资金；林小姐没有奖学金，________在美国一年的学费需要一万五千美元。
2. ________，她的托福成绩只有510分，________英语口语也不好，不可能________________说服签证官。
3. 但是，没有奖学金，________________________“我”没有钱。我有钱，____！
4. 你必须说明“你”这个人________________________一定会回来，而且____！
5. ________是因为其他原因拒绝我________________，但是我的失败________因为我哥哥在你们国家，这是一个我无法接受的事实！
6. 你必须保持这样一种心理：我今天不是来签证的，____的！
7. 进入美国大使馆申请签证，________去乞讨什么恩惠，________去证明你的杰出和自信。

三、根据录音复述课文内容。

四、林小姐被拒签的理由有几条？她是如何反驳的？

五、两人一组，根据课文内容，模仿林小姐和签证官的谈话。

听力练习3 东亚足球四强赛 日本队夺得冠军

图 21—3

你喜欢踢足球吗？你知道这些词语是什么意思吗？

1. 队长、队员、前锋、后卫、守门员
2. 上半场、下半场
3. 球门、(球)网
4. 角球、点球、头球、净胜球
5. 射门

生 词

1. 东亚	(专)	Dōngyà
2. 四强赛		sì qiáng sài
3. 夺得	(动)	duódé
4. 凭借	(动)	píngjiè
5. 黎兵	(专)	Lí Bīng
6. 出人意料		chū rén yìliào
7. 东道主	(名)	dōngdàozhǔ
8. 夺取	(动)	duóqǔ
9. 排名	(动)	páimíng
10. 出色	(形)	chūsè
11. 全力	(副)	quánlì
12. 反击	(动)	fǎnjī
13. 领先	(动)	lǐngxiān
14. 命中	(动)	mìngzhòng
15. 攻击(型)	(动)	gōngjī (xíng)

表达形式

遗憾的是……

1. 遗憾的是，我后来再也没能见到她。
2. 遗憾的是，我当时还不认识你。

◇ 练　　习 ◇

一、听录音，回答问题：

1. 中国队同日本队比赛情况怎么样？
2. 东亚足球四强赛各队成绩如何？

二、根据录音内容填空：

1. ＿＿＿＿＿＿东亚足球四强赛全部比赛结束，中国队、日本队、韩国队成绩＿＿＿＿＿为两胜一负。
2. 中国队＿＿＿＿＿＿＿＿比韩国队多一个净胜球，排名第二。
3. 上半场中国队以＿＿＿＿＿＿＿＿＿＿＿＿＿＿＿。
4. 虽然日本队先后换上三名攻击型队员，但中国队＿＿＿＿＿＿。
5. ＿＿＿＿＿＿的是中国队自己也没有抓住进一步扩大比分的机会，使中国队＿＿＿＿＿和本次比赛的冠军无缘。

三、试用下列词语叙述一场比赛的情况。

拉开帷幕、……胜……平……负……、打败、战胜、夺得、排名

表　达　练　习

一、朗读下列句子，注意语音、语调：

1. “人输给计算机的时候并不少”，玩过电脑游戏的人大都会这么说。
2. 因为任何一个错误都会立刻被“深蓝”抓住，从而使卡氏付出巨大的代价。
3. 但随后卡氏认真地总结了经验，最后终于以3胜2平1负的比分取得了胜利。
4. 上次被卡氏打败的“深蓝”只能算是婴儿，很容易被卡氏发现其缺点，而

如今的“深蓝”已经成长起来。

5. 人机大战虽已结束,但由此引发的热门话题却在持续着。
6. “深蓝”虽然打败了世界棋王,但这并不意味着电脑比人脑聪明。
7. 在这一点上,我们甚至可以说,“深蓝”连最笨的人也比不上。
8. 林小姐去读 MBA 的学校,是一所非常一般的大学,而她在国内的学校却是名牌大学。
9. 最后,她的托福成绩只有 510 分,并且英语口语也不好,不可能在几十秒钟内说服签证官。
10. 但是,没有奖学金,并不意味着“我”没有钱。我有钱,而且有的是钱!在这个问题上最重要的不是你到底有没有钱,而是表现你有钱的感觉。
11. 一个非常一般学校的 MBA,在美国有什么前途?而中国 MBA 是这么热门,况且自己在中国又是如此成功呢!
12. 第三,哥哥在美国读博士又怎么样?美国有没有法律规定哥哥在美国妹妹就不许去?
13. 你必须保持这样一种心理:我今天不是来签证的,我今天是来讨个“说法”的!
14. 中国队凭借前锋黎兵两个进球,出人意料地以 2:0 战胜东道主日本队。
15. 这已是日本队连续第三次在此项比赛中夺取冠军。
16. 中国队则比韩国队多一个净胜球,排名第二。

二、选词填空:

(维持、自信、外形、代理、申请、领先、本身)

1. 他的话________并没有讽刺你的意思,我看是你自己理解错了。
2. 根据该公司目前的经济情况来看,这种局面是________不了多久的。
3. 我已经向青年志愿者协会提交了关于参加这次活动的________。
4. 本公司全权________北京电视台环球影视栏目的电视广告。
5. 你也不要太________了,去那家公司求职的都既有学历, 又有工作经验。
6. 仅开赛十多分钟,主队就以 2:0 的比分________。
7. 从________来看,这种款式的冰箱是比那种要美观得多。

三、使用指定词语完成下列会话:

1. A:小张平时练习得很刻苦,比赛前状态也不错。

B:但他参加国际大赛的经验还是太少,________________________

____。(最终)

2. A:唉!准备了这么长时间,比赛还是输了。

B:别灰心,________________________________。(意味着)

3. A:说实话,当时他确实应该出面制止这种行为!

B:____!(遗憾的是)

4. A:她哥哥是工业局的局长,看在这个面子上,能不能照顾一下儿?

B:__________________________,所以才不能照顾!(正是)

5. A:我还是去年秋天见到过他,当时看上去他的身体还可以。

B:唉!你还不知道,去年春节以前他的妻子跟他离婚了,这件事对他的打击很大,________________________________。(因此)

6. A:我之所以建议给他最高分,是因为他演讲的逻辑性很强。

B:__________________________,(在这一点上)但这只是一方面,从语音语调来看,他比不上其他参赛者。

7. A:孙老师,我还是想解释一下那天的事情……

B:行了行了,你不要再说了,________________________________。

(在这个问题上……)

8. A:小马,我看这件事就这样算了吧,不就是损失了几十块钱吗?

B:这难道是小事吗?________________________________

____。(足以)

9. A:陈经理,你能不能解释一下你们公司为什么要逃税?

B:____。(无话可说)

10. A:徐教练,你怎么评价大连万达队在今年联赛中的表现?

B:____,

____。(一方面,另一方面)

四、使用指定词语,把对话继续下去:

1. A:因为他的学习成绩一直很好,所以我选举他当我们的班长。

B:他的学习成绩是不错,……

A:……

B:……

(排名、在这一点上、则)

2. A:我看咱们还是买21寸的彩电吧!

B:我说过多少遍了,……

A:……

B:……

(如今、大都、因此)

3. A:昨天你看四川队对河北队的比赛了吗?

B:唉!昨天我爱人跟我女儿非得看电视剧,弄得我球赛也没看成,比赛结果怎么样?

A:……

B:……

(最终、……比……、遗憾)

4. A:我走的时候,上海队不是以1:0领先吗?怎么后来又输了?

B:那只是上半场,……

A:……

B:……

(反击、以至于、正如)

5. A:我看这次比赛我队失败的根本原因在于队员的体力不行。

B:队员的体力是一方面,……

A:……

B:……

(出人意料、应变、意味着)

6. A:我越想越觉得是小刘偷走了我的自行车,不错,肯定是他!

B:那你说他偷你自行车的原因是什么?……

A:……

B:……

(如果是因为……,但是……、况且、难道)

7. A:我是买了你的电脑,但你的电脑有问题,你总不能不负责吧?

B:我可从来就没有说过不负责,问题是你没有发票,……

A:……

B:……

(在这个问题上、不是……而是……)

五、朗读下列语段：

“行路难”

小苏和小史今天约好一起到中国美术馆去看《外国人眼中的中国——摄影展览》。他们好不容易才挤上了公共汽车，半个钟头过去了，汽车也没走出多远……

图21—4

小苏：今天这车怎么搞的，走得也太慢了！早知道这样，咱们还不如骑自行车去呢！哎，干脆，咱们下去打车算了！

小史：你看前面堵了那么多车，打车不也照样走不动吗？

小苏：你说这路越修越宽，桥越建越多，为什么反而越来越难走了呢？

小史：昨天我听交通台报道说现在北京市机动车辆已经超过120万辆了，路修得再快也没有车子增长得快，这路不堵才怪呢！

小苏：那又不能禁止市民买车，真没办法！

小史：我觉得像北京这样的大城市，是不能禁止市民买车，但也不能鼓励市民买车。

小苏：那你说怎么办呢？

小史：应该发展公共交通，像地铁、电车什么的。

小苏：我倒觉得首先应该整顿交通秩序。哎，你看那个男的，骑自行车随便横穿马路，真是太不自觉了！

小史：这样的事多了！行人、自行车横穿马路，汽车、出租车乱停乱放，都是造成堵车的直接原因。

小苏：多一些交通警察和红绿灯可能要好一些。

小史：像你刚才说的，根本的办法还是应该增强市民的交通法规意识，使遵守交规成为自觉行为。

小苏：有道理。你看那个男的，他又转回来了，真是太不像话了！

六、自由表达练习(注意叙述的条理性和连贯性):

1. 你遇到过交通堵塞吗?叙述其经过并说明当时你的感受。
2. 你认为解决交通问题的办法有哪些?
3. 对比一下你们国家和中国目前的交通情况。

第二十二课　对不起，我打断一下

本课学习的主要功能：**置疑与添加**

听力练习1　对一名主持人的采访

马立曾经是青春电视台一位著名的节目主持人，几年前她突然决定到国外去读书，让许多喜爱她的观众感到很意外。最近，马立因为工作的关系回到北京，我们就她的事业、生活等方面对她进行了采访。请听我们的采访录音……

图22—1

生　词

1.	如日中天		rú rì zhōng tiān	at the apex of one's power, career, etc. 事物の発展が最も盛んな段階に入っているのたとえ (成) 매우 발전(홍성)하여 전성기이다
2.	青春	(名)	qīngchūn	youth 青春 청춘
3.	促使	(动)	cùshǐ	urge; impel …するように促す ...를 빨리 하도록 재촉하다, 급히 ...하게 하다
4.	厌烦	(动)	yànfán	be sick of あきあまする;いやになる 귀찮아 하다, 싫어하다
5.	思考	(动)	sīkǎo	think deeply 思考する;考える 사고하다
6.	平平淡淡		píng píng dàn dàn	flat; insipid よくも悪くもない;なみである 평범하다, 단조롭다
7.	卫视	(名)	wèishì	satellite TV 衛星テレビ 위성 방송
8.	制作	(动)	zhìzuò	produce 作る 제작하다, 제조하다
9.	两全其美		liǎng quán qí měi	satisfy both sides 両方とも満足する (成) 쌍방이 모두 좋게 하다, 누이 좋고 매부 좋다
10.	涉及	(动)	shèjí	involve; relate to 関連する;かかわる 언급하다, 미치다
11.	征得(同意)		zhēng dé(tóngyì)	get the permission from …の同意を求める 동의를 구하다
12.	贬义	(名)	biǎnyì	derogatory sense けなす意味あい 폄의

13. 层次　（名）　céngcì　（administrative）level
等級;段階
순서, 기구, 등급

14. 女性　（名）　nǚxìng　female
女性
여성

15. 调节　（动）　tiáojié　adjust
調節する;コントロール
조절하다, 조정하다

16. 向往　（动）　xiàngwǎng　yearn for
あこがれる
동경하다, 그리워하다

17. 梦想　（名、动）mèngxiǎng　dream
夢
몽상(하다)

表达形式

一、挑战性

理想主义者

自由度

"性、者、度"可以附着在其他词语后面构成新的词语,除了课文中的用法以外,再如:

性:个性、惯性、弹性、急性、偶然性、严重性、可能性、积极性

者:读者、强者、长者、后者、胜利者、劳动者、爱好者、目击者

度:长度、湿度、难度、深度、对比度、能见度、可信度、容忍度

二、……那些在我看来都并不十分重要的东西

"在……看来"是插入语,在句中表示"……认为"、"……想"。例如:

1. 在老李看来,这次会议和往常的会议没有什么两样。
2. 在小万看来,这并不是一起普通的交通事故,背后一定还有其他的原因。
3. 谁也不清楚为什么这件小事在他看来如此重要。
4. 在一般人看来,经常处于疲倦状态并不是一种疾病。

三、这是出于什么考虑

"出于……考虑"用在句中表示原因,中间可为代词或介词词组。例如:

1. 你拒绝参加这次文艺演出,是出于什么考虑?
2. 出于对张工身体健康的考虑,公司改派刘主任赴南京参加这次报告会。
3. 出于对安全问题的考虑,每个办公室都安装了防盗门。

4. 工厂决定停止生产这种机器，完全是出于对市场需求的考虑。

四、我在没有征得别人同意的情况下，不能涉及别人

“征得……同意”，在句中表示“取得……同意”、“经过……同意”，中间一般为代词或名词。例如：

1. 你们必须首先征得警方的同意。
2. 征得陈局长的同意后，我采访了他。
3. 只有在征得总经理的同意以后，我们公司才能向这项工程投资。
4. 你怎么能不征得主人的同意，就随便进入他的房间呢？

◇ 练　　习 ◇

一、听录音，快速回答问题：

1. 马立现在在哪儿工作？
2. 她为什么要去国外读书？
3. 她觉得以前的工作怎么样？
4. 马立为什么没有回青春电视台？
5. 马立现在的工作适合她吗？
6. 马立的丈夫是做什么工作的？
7. 她的家庭和事业有没有矛盾？
8. 她对未来有什么打算？

二、根据录音内容判断正误：

1.	正（　）	误（　）	6.	正（　）	误（　）
2.	正（　）	误（　）	7.	正（　）	误（　）
3.	正（　）	误（　）	8.	正（　）	误（　）
4.	正（　）	误（　）	9.	正（　）	误（　）
5.	正（　）	误（　）	10.	正（　）	误（　）

三、根据录音内容填空：

1. 请问＿＿＿＿＿＿＿＿＿＿促使你做出这样的选择的？

2. 你回国后人们以为你还会回到青春电视台，但你却去了太平洋卫视，

＿＿＿＿＿＿＿＿＿＿＿＿＿＿＿＿＿＿＿＿＿＿＿＿＿＿？

3. ＿＿＿＿＿＿，去太平洋卫视会使你失去很多喜欢你的观众？

4. 我还是要问一下你的个人生活，你说你曾经受到过“情感的挫折”，听起来不知道是怎么回事，____________？

5. 人们对你的丈夫是一位商人有些议论，对此，________？

6. 你作为一名职业女性，事业与家庭之间的矛盾是免不了的吧，________________________？

7. 好的，马小姐，我们再次感谢你接受我们的采访。希望我们以后________________________。

四、两人一组，使用练习三中的句子模拟采访情况。

听力练习 2　发展社区养老服务体系

观众朋友们，大家好！欢迎收看《老人世界》！随着社会的发展，到本世纪末，我国将成为人口老龄化国家。我们今天有幸请到了中国老年人协会会长吴其人女士，跟她聊一聊有关社会养老的问题……

图 22—2

生　词

1. 社区	(名)	shèqū	8. 淡化	(动)	dànhuà
2. 老龄化	(动)	lǎolínghuà	9. 打断	(动)	dǎduàn
3. 有幸	(形)	yǒuxìng	10. 被动	(形)	bèidòng
4. 协会	(名)	xiéhuì	11. 格局	(名)	géjú
5. 照料	(动)	zhàoliào	12. 娱乐	(名)	yúlè
6. 空巢(家庭)		kōng cháo (jiātíng)	13. 承担	(动)	chéngdān
			14. 培训	(动)	péixùn
7. 单亲(家庭)	(形)	dānqīn(jiātíng)	15. 技能	(名)	jìnéng

表达形式

一、打断一下儿

1. 对不起,我打断一下儿,请问你赶到那儿的时候是几点?
2. 对不起,我打断一下儿,我想知道有多少人参加这次活动?

二、所谓……是指……

1. 所谓企业法人代表,是指对企业的经营生产情况负有法律责任的人员。
2. 所谓"新",是说在这之前还没有人想到过。

◇ 练　习 ◇

一、听录音,回答问题:

1. 目前中国老年人在全国总人口中的比例是多少?
2. 到 2000 年,中国老年人口将达到多少?
3. 吴会长认为目前在中国哪种养老方式最可行?
4. 家庭养老存在哪些问题?
5. 什么是空巢家庭?
6. 社区养老服务体系有什么优势?
7. 吴会长认为可以组织哪些人员为社区养老服务?

二、根据录音内容填空:

1. ________________,空巢家庭和单亲家庭逐渐增多,家庭的养老功能越来越淡化。

2. 对不起，吴会长，我打断一下，您____________空巢家庭，您能不能解释一下儿什么是空巢家庭？

3. 所谓空巢家庭，是指________________的家庭，这种情况尤其以知识分子家庭最为集中。

4. ____________，我觉得那种将老年人集中在养老院里过着被动的、单调的生活，并不是最好的养老方式。

5. 您____________这个体系有哪些特点和优势？

三、自由表达练习：

1. 试介绍什么是社区养老服务体系。
2. 谈谈你们国家养老的情况。
3. 谈谈你对中国计划生育政策的了解。

听力练习 3　悬念

图 22—3

(1)	(2)
(3)	(4)

生　词

1. 悬念　（名）　xuánniàn
2. 七嘴八舌　qī zuǐ bā shé
3. 珍珠　（名）　zhēnzhū
4. 宝贝　（名）　bǎobèi
5. 海运　（动）　hǎiyùn
6. 订婚　（动）　dìnghūn
7. 桩　（量）　zhuāng
8. 货物　（名）　huòwù
9. 纠纷　（名）　jiūfēn
10. 推迟　（动）　tuīchí
11. 昂贵　（形）　ángguì
12. 钻石　（名）　zuànshí
13. 戒指　（名）　jièzhi
14. 未婚妻　（名）　wèihūnqī
15. 精心　（形）　jīngxīn
16. 硌　（动）　gè
17. 骨头　（名）　gútou

◇ 练　习 ◇

一、根据录音内容回答问题：

1. 那位老人为什么“忍不住”要讲他的故事？
2. 那位老人年轻时做什么工作？
3. 他的婚礼举行得顺利吗？为什么？
4. 他为什么在新加坡呆了那么长时间？
5. 他给自己的未婚妻买了什么礼物？
6. 那位老人在船上看到了什么？
7. 那些旅游者为什么都以为老人咬着的是戒指？

二、用自己的话复述这个小故事。

表 达 练 习

一、朗读下列句子，注意语音、语调：

1. 请问究竟是什么原因促使你做出这样的选择的？
2. 我想，做自己真正想做的事很重要，因为我不想平平淡淡地度过自己的一生，或者说我身上还有点儿学生的浪漫，总想着应该为某个理想而努力，那样才会觉得活得有意义。
3. 但你却去了太平洋卫视，这是出于什么考虑？
4. 但你考虑过没有，去太平洋卫视会使你失去很多喜爱你的观众？

5. 你要选择一个自己更喜欢的、自由度更大的节目，那么你肯定要有所失。
6. 我在没有征得别人同意的情况下，不能涉及别人。
7. 我觉得商人只是一种职业，再说商人也有层次的不同。
8. 是这样，我国60岁以上的老年人口到2000年将达到1.3亿，占总人口的10%以上。
9. 除此之外，空巢家庭和单亲家庭逐渐增多，家庭的养老功能越来越淡化。
10. 对不起，吴会长，我打断一下，您刚才说到空巢家庭，您能不能解释一下儿什么是空巢家庭？
11. 您能不能给我们介绍一下这个体系有哪些特点和优势？
12. 鱼端上来了，他们七嘴八舌地讲起那些在鱼肚子里发现珍珠或其他宝贝的故事。
13. 就在我们准备举行婚礼的前三个星期，我突然被派到新加坡去处理一桩货物纠纷。
14. 没办法，我只能服从公司的安排，我们的婚礼也不得不推迟了。
15. 由于出了一些意外的麻烦，我在新加坡呆的时间比预料的长了两个多月。

二、选词填空：

（制作、挫折、贬义、订婚、推迟、精心、功能、被动）

1. 出于安全方面的考虑，原定于6月2号举行的会议__________到6月8号举行。
2. 他从小生活条件就很优越，长这么大没经历过什么__________。
3. 老牛__________手工艺品的技术是我们这一带远近闻名的。
4. 为庆祝“六一”儿童节，育新幼儿园的孩子们__________设计了许多小礼物准备送给灾区希望小学的小朋友们。
5. 这种VCD是我们公司的最新产品，它具有四十多种__________，可以兼容CD、VCD、CVD、SVCD等多种碟片。
6. 经充分研究，厂党委计划用两个月的时间恢复生产，摆脱亏损的__________局面。
7. 前些日子我还请人给小马介绍男朋友呢，昨天我才听说人家早就__________了。
8. 这个词本身没有__________，但用在这儿却又是另一回事了。

三、下列句子能否换一种说法(使用指定词语)?

1. 徐宁认为参加不参加这次东亚足球四强赛对他没有什么太大的影响。(在……看来)
2. 考虑到公司的长远利益,我们决定扩大我们公司设计研究院的规模。(出于……考虑)
3. 经过当地政府的同意之后,他对当地的纺织品市场做了详细的考察。(征得……同意)
4. 当时的热门专业很多,你为什么要选择农业呢? (促使)
5. 寒流是北方的冷空气大规模地向南方运动,并且造成大范围降温及强烈偏北风的天气过程。(所谓……是指……)
6. 另外,我还要再强调一遍,绝对不许喝酒,否则会引起其他更严重的疾病。(除此之外)

四、根据说话人意图完成下列对话:

1. A:________________________________? (提问)

   B:关于这个问题我现在不想多谈。
2. A:我刚才告诉你的可都是小李亲口对我说的。

   B:________________________________。 (相信)
3. A:听说小杨托福考了600多分呢!

   B:________________________________? (怀疑)
4. A:好了,好了,别麻烦我了,你自己去看看不就知道了?

   B:________________________________? (追问)
5. A:你也知道,我又不是第一次做红烧肉,他竟然……

   B:________________________________? (打断)
6. A:吴平大概是8月下旬到的美国,之后马上开始准备她的钢琴表演。

   B:________________________________。 (纠正)
7. A:他出现得太是时候了,要知道当时我们没有一点吃的了。

   B:________________________________。 (补充)
8. A:明天的校友会你到底去不去参加?

   B:去吧,________________________________;不去吧,________________________________。 (犹豫)

五、自由表达练习：

1. 模拟采访一位电影导演。

   （电影在法国获奖的情况、刚刚完成的片子的情况、是否有到好莱坞发展的打算、离婚问题、跟某女演员的关系）

2. 模拟采访一位足球运动员。

   （上次比赛被罚下场的情况、转会问题、是否有女朋友）

3. 模拟采访一位围棋教练。

   （上个月输给韩国棋手的情况、对下一场比赛的打算、是否有到国外去下棋的打算）

4. 模拟采访一位厂长。

   （半年前亏损的情况、现在的生产情况、扭亏为盈的经验、分流下岗的工人开办社区服务中心的情况）

六、朗读下列语段：

永不知晓的味道

我从小就生长在单亲环境中，母女俩的日子虽然过得简单，但总是充满了欢乐。

考虑到今后的前途，我在大学选择专业时选择了经济，而不是和妈妈一样的中文。妈妈为了供我上大学，除了教书以外还写些文章，此外，每周还给一家报社整理稿件。于是，我也学着妈妈的样子开始尝试写作。有成功也有失败，我和妈妈时时都有文章交替发表。于是我们约定：收到稿费的人要请另一个吃糖炒栗子表示庆贺。那时在我家胡同口有个小有名气的栗子铺，里面的旧笸箩（pǒluo）里放着四元一斤的小栗子，金黄色的笸箩里堆着六元一斤的饱满的大栗子。栗子对当时的我们来说算是一种奢侈品了，我们每次只能买上半斤四元的。我总在猜想那大栗子的味道……我们便又约定：如果我们的文章加在一起发表到50篇时，一定要真真切切地感受一回那大栗子的味道……

大学毕业时，我走入了更现实的生活。为了拿一份好薪水我去了南方。一走就是3年，在一家外企里我艰难地从一个小打字员做到了今天的市场营销部的部门经理。我不再是那个长发披肩的迷恋于写作的小女孩了，身上已经多了一些淡淡的铜臭味。在离家后的第四个春节我终于回到了北京。我看到了妈妈头上的缕缕白发和脸上的一道道深深的皱纹，严重的颈椎病使她再也无法继续写作了。但此刻，我已经有了足够的钱去买高档时装、名牌化妆品和最贵的糖炒栗子。又像当年那个天真的小女孩那样，我激动地走到胡同口，可是……

可是从前那个熟悉的栗子铺已被一个陌生的花店所取代……

我哭了，我永远都不可能知道那堆在金色笸箩里的六元一斤的栗子的味道了……

（周密　1999年3月5日《北京青年报》有删改）

七、你的生活经历中有没有什么难忘的遗憾？

八、看图说话：

《缩水的衬衫》

图22—4

第二十三课　分庭抗礼

本课学习的主要功能:**挑战与应战**

听力练习 1　我看打折

近年来“打折”已成为大家熟悉的一个词,以至于现在消费者购物之前总是习惯性地问一句:“打折吗?”每逢过年过节,打折就像流行性感冒一样在各大商场爆发。随意逛几家你就会发现,许多以前连想都不敢想的国际品牌,已经降到了三折甚至一折。“打折”到底是好事还是坏事呢?上星期二晚上我校中文系 99 级 2 班同学组织了一场辩论会,题目就是“我看打折”。下面请听辩论会的录音……

图 23—1

生　词

1. 打折	（动）	dǎzhé	give a discount 割り引きをする 할인하다
2. 品牌	（名）	pǐnpái	the name and brand of a commodity 商標；マーク 상표
3. 出售	（动）	chūshòu	sell 売る；売り出す 팔다, 매출하다
4. 利大于弊		lì dà yú bì	advantages are more than disadvantages 弊害より利益が大きい 이득이 폐단보다 더 크다
5. 何乐而不为		hé lè ér bù wéi	Why not do it? Be happy to do sth. 何を好んでそれをしようとしないのか (成) 왜 즐겨하지 않겠는가, 왜 싫어 하겠는가
6. 安定医院	（专）	Āndìng Yīyuàn	Anding Hospital 安定病院 안정 병원
7. 展销	（动）	zhǎnxiāo	display and sell 展示即売 전시 판매하다
8. T恤衫	（名）	tìxùshān	T-shirt Tシャツ；ポロシャツ 티셔츠
9. 鳄鱼	（专）	Èyú	Crocodile ワニ 악어
10. 服装	（名）	fúzhuāng	dress; clothing 服装 복장, 옷
11. 推出	（动）	tuīchū	promote; advance 新発売 (새 상품을) 시장에 내놓다
12. 利润	（名）	lìrùn	profit 利潤 이윤
13. 降价		jiàng jià	cut down the price 値を下げる 값이 (값을) 내리다

14. 试想 shì xiǎng guess
考えてもみよ
생각해 보다

15. 运转 （动） yùnzhuǎn run
動く
(기계가) 돌아가다

16. 刺激 （动） cìjī stimulate; provoke
刺激する
자극하다

17. 带动 （动） dàidòng stimulate
先導する
(동력을 전달하여) 움직이게 하다

18. 杀鸡取卵 shā jī qǔ luǎn kill the hen to get the eggs
目先の利益に目がくらんで将来を忘れることのたとえ
(成) 눈앞의 이득에 눈이 어두워 더 큰 이익을 해치다

19. 说服力 shuōfú lì convincing
説得力
남을 설득하는 능력

20. 恰恰 （副） qiàqià just
ちょうど
때마침, 꼭, 바로

21. 健全 （形） jiànquán perfect
健全である
건전하다

22. 无序 （形） wúxù disorder
無秩序
질서가 없다

表达形式

一、……而打折为我们提供了很好的机会，那么我们何乐而不为呢

"何乐而不为"是一个反问句式，表示自然可以做或者愿意做某件事情。例如：

1. 这样的事情对国家对自己都有好处，那我们何乐而不为呢？
2. 旅游既能锻炼身体，又能开阔眼界，何乐而不为呢？
3. 既然她主动说她要开车来接我们，那我们何乐而不为呢？
4. 他说他对这项工作很感兴趣，并且他可以为我们当导游，那我们何乐而不为呢？

二、反过来说，如果一件商品的价格可以打到八折，甚至有的商场打三折，那么它的质量绝对是有问题的

"反过来说"用在句中表示从反面来补充说明某种情况。例如：

1. 反过来说，即使她亲自来请我，我还得好好考虑考虑呢！
2. 反过来说，我要是按时完成了任务，你是否该请我一顿？
3. 要是你能从银行贷到款，我给你 2% 的回扣，反过来说，要是你贷不到，我扣你奖金。
4. 共同发展是维持国际关系的一条重要原则，反过来说，如果一个国家只想发展自己，那么它是绝对不会拥有一个长期发展的环境的。

三、用街上流行的话来说就是

"用……的话来说"常用于引用旁人说过的话或某种说法。例如：

1. 用领导的话来说，那就是"研究研究"。
2. 用刘主任的话来说，"我今天不想多谈这个问题"。
3. 用大家所熟悉的话来说，那就是"旧的不去，新的不来"。
4. 用现在流行的一个词来说，就是"酷"。

四、试想下次再买衣服时，你还会首先考虑那个牌子吗

"试想"是插入语，用在句中提醒对方注意、考虑下面所说的情况。例如：

1. 试想我们能跟这样一个不讲信用的人合作吗？
2. 试想当时要不是陈主任及时赶到，后果将会多么严重！
3. 试想你不尊重他，怎么会获得他的信任呢？
4. 试想这么大的工程，不经过科学的论证，怎么行呢？

五、恰恰相反

"恰恰相反"常在反驳对方的观点时使用，有时恰好是根据同样的事实，却得出相反的结论。例如：

1. 我跟他们的看法恰恰相反。
2. 恰恰相反，我认为增加教育经费不仅不会阻碍，反而会促进经济的发展。
3. 与大家所预料的恰恰相反，他不仅没有反对，还很支持这一决定。
4. 人们都以为她穿着很时髦，恰恰相反，她穿得很朴素。

◇ 练　　习 ◇

一、根据录音内容，把说话人和相应的观点连接起来：

张力	无论什么生意，都要对消费者负责。
方芳	打折对经济发展也有消极影响。
魏红	如果真是质量可信的商品，价格是不会降下来的。

梁明	坚持打折“弊大于利”的人也买打折商品，这个事实已经很有说服力。
王静	花最少的钱买最好的东西。
肖军	打折可以吸引顾客，刺激消费。

二、根据录音内容回答问题：

1. 认为打折“利大于弊”的人是哪几个？他们的根据是什么？
2. 认为打折“弊大于利”的人是哪几个？他们的根据是什么？
3. 梁明引用“从南京到北京，买的没有卖的精”是为了说明什么道理？他是怎样论述的？
4. 方芳提到“鳄鱼”牌T恤衫是为了说明什么道理？她是怎样论述的？
5. 张力引用“不怕不赚钱，就怕钱不转”是为了说明什么道理？他是怎样论述的？

三、根据录音内容填空：

1. 而打折为我们提供了很好的机会，那么我们__________呢？
2. 但现在的问题是，你确实花了最少的钱，可你买到的东西______________________________吗？
3. __________，如果一件商品的价格可以打到八折，甚至有的商场打三折，那么它的质量绝对是有问题的。
4. 我__________梁明同学，最近几天你去过西单商场没有？
5. 不知道大家会有什么感觉？__________我会觉得上当了。
6. __________下次再买衣服时，你还会考虑那个牌子吗？
7. 从__________，我认为打折是利大于弊的。
8. 我__________，你追求的是长期的发展与繁荣还是短期的发展与繁荣。
9. 对不起，__________，我有一个具体的问题请问魏红同学。
10. 那只是你的结论，我并不这样认为，__________，我认为我去买打折的“鳄鱼”T恤衫这项事实，__________目前我国的市场还不够健全。

四、假定认为打折“利大于弊”的一方为正方，认为打折“弊大于利”的一方为反方，选择一方的观点进行复述，注意所用句式和语气。

五、两人一组，按正方反方进行辩论。

六、全班分成两组，按正方反方进行辩论，注意补充课文中没有的论据。

听力练习2　左撇子

图23—2

生　词

1. 天生	（形）	tiānshēng	
2. 拉链	（名）	lāliàn	
3. 扣子	（名）	kòuzi	
4. 吃力	（形）	chīlì	
5. 可观	（形）	kěguān	
6. 器械	（名）	qìxiè	
7. 运用自如		yùnyòng zìrú	
8. 定型	（动）	dìngxíng	
9. 平衡	（形）	pínghéng	
10. 注视	（动）	zhùshì	
11. 物体	（名）	wùtǐ	
12. 位于	（动）	wèiyú	
13. 惯用眼		guàn yòng yǎn	
14. 不知所措		bù zhī suǒ cuò	
15. 口吃	（动）	kǒuchī	

表达形式

一、有意思的是……

1. 有意思的是，直到回到家，他才发现自己的帽子不见了。

2. 有意思的是，小陆那天也把钥匙丢了。

二、没有必要非得……

1. 你没有必要非得今天赶回去。

2. 他是进修生，没有必要非得选够16节课。

◇ 练　习 ◇

一、听录音，回答问题：

1. 世界上有三亿人为什么感到不方便？
2. 最近人们为什么开始关心左撇子在生活中遇到的问题了？
3. 左撇子是怎么形成的？
4. 孩子一般在多大的时候对手的选择使用形成习惯？
5. 科学家发现这种不平衡还表现在哪些方面？
6. 以前一个孩子用左手吃饭，他的爸爸会怎样？

二、根据录音内容判断正误：

1. 正（　　）	误（　　）	3. 正（　　）	误（　　）
2. 正（　　）	误（　　）	4. 正（　　）	误（　　）
5. 正（　　）	误（　　）	8. 正（　　）	误（　　）
6. 正（　　）	误（　　）	9. 正（　　）	误（　　）
7. 正（　　）	误（　　）	10. 正（　　）	误（　　）

三、根据录音中所说的试验方法，判断你的惯用眼是左眼还是右眼。

四、你是左撇子吗？你家或你们班有没有左撇子？请你或他们谈一谈左撇子对“右撇子”世界的看法。

听力练习3　故事两则

一　他该不该付钱

我的朋友莫先生在一家饭馆吃了饭却不付钱，你想知道是怎么回事吗？请听录音《他该不该付钱》……

生　词

1. 赶忙	（副）	gǎnmáng	4. 三下五除二		sān xià wǔ chú èr
2. 示意	（动）	shìyì	5. 愣	（动）	lèng
3. 厨师	（名）	chúshī			

表达形式

一、直到……为止

1. 你不能走，直到你把今天的工作都做完为止。
2. 他不同意你就不走，直到他同意为止。

二、三下五除二

1. 这种工作对老周来说，真是太轻松了，三下五除二就搞定了。
2. 运用王老师所提示的办法，学生们三下五除二就把那道题做出来了。

◈ 练　习 ◈

一、听录音，快速回答问题：

1. 莫先生是个什么样的人？
2. 在饭馆里莫先生先要了份什么？
3. 后来莫先生要换成什么？
4. 他为什么要换？
5. 莫先生吃得怎么样？
6. 小姐提醒莫先生付钱，莫先生是怎么说的？

二、如果你是那位服务小姐，你将怎么回答？

二　理发师的故事

你一定听说过阿凡提吧？他可是一个又聪明又善良的人，在今天的故事里，他是一位理发师。请听录音《理发师的故事》……

二　理发师的故事

你一定听说过阿凡提吧？他可是一个又聪明又善良的人，在今天的故事里，他是一位理发师。请听录音《理发师的故事》……

生　　词

1. 阿凡提	（专）	Āfántí		5. 剃刀	（名）	tìdāo
2. 巴依老爷	（专）	Bāyī Lǎoye		6. 眉毛	（名）	méimao
3. 想方设法		xiǎng fāng shè fǎ		7. 顿时	（副）	dùnshí
4. 欺负	（动）	qīfu		8. 告	（动）	gào

表达形式

顿时

1. 听了他的话，她的脸顿时就红了。
2. 看到这情景，他顿时就愣住了。

◇　练　　习　◇

一、听录音，快速回答问题：

1. 阿凡提是一个什么样的人？
2. 巴依老爷是一个什么样的人？
3. 巴依老爷来找阿凡提做什么？
4. 巴依老爷为什么那么生气？
5. 最后巴依老爷的眉毛怎么样了？

二、根据录音内容填空：

1. 开业的第一天，许多朋友都来____________________________。
2. 平时巴依老爷对穷人很不友好，总是________________________，

   今天过来不知道___________________________________。
3. 阿凡提的技术________没有问题，__________________。

表达练习

一、读下列句子，注意语音、语调：

1.《现代汉语词典》第 229 页上是这么说的："打折，降低商品的价格出售。"

2. 而打折为我们提供了很好的机会，那么我们何乐而不为呢？

3. 反过来说，如果一件商品的价格可以打到八折，甚至有的商场打三折，那么它的质量绝对是有问题的。

4. 试想下次再买衣服时，你还会考虑那个牌子吗？

5. 我要提醒你的是，你追求的是长期的发展与繁荣还是短期的发展与繁荣。

6. 商品打折以后，购买商品的顾客确实是增加了，商场的经济效益提高了，市场看上去似乎是繁荣起来了。

7. 连坚持打折"弊大于利"观点的人都去买打折的"鳄鱼"T 恤衫，这事实本身不是已经很有说服力了吗？

8. 我并不这样认为，恰恰相反，我认为我去买打折的"鳄鱼"T 恤衫这项事实，正说明了目前我国的市场还不够健全。

9. 像开门、拉拉链、扣扣子等，这些基本的生活活动没有一件不让他们感到吃力。

10. 你想想，谁的身边没有几个左撇子呢？

11. 左撇子是遗传还是环境造成的，科学家们至今也没有找到令人可信的答案。

12. 孩子的左右手都能运用自如，他们总是用离东西近的那只手去抓东西。

13. 虽然今天的左撇子仍然会感到有许多不方便的地方，但是他们已经没有必要非得适应这个习惯于用右手的世界了。

14. 无论遇到什么事都要跟别人争论，直到把对方说得没话说为止。

15. 也许是真的饿了，莫先生食欲特别好，三下五除二就把饺子吃完了。

16. 巴依老爷一看自己的胡子被刮了下来，顿时气得连话都不会说了。

二、使用指定词语或句式完成下列句子：

1. 既然你也知道春节期间草莓的市场需求量很大，并且自己以前也种过草莓，____________________________？ （何乐而不为）

2. 我看这种产品的质量不会太好，____________________________：

"一分钱一分货"。（用……来说）

3. 你托我的事情都已经办妥了，你就放心吧，＿＿＿＿＿＿＿＿＿＿：“一切尽在掌握。”（正如）

4. 在现在的服装市场上，一个没有个性的品牌是站不住脚的，＿＿＿＿＿＿＿＿＿＿＿＿＿＿＿＿＿＿＿＿。（反过来说）

5. 一听说公司要让他下岗＿＿＿＿＿＿＿＿＿＿＿。（顿时）

6. 据他家的邻居说，那天下午4点多，她看见一个穿着一身黑衣服的人去过他家，＿＿＿＿＿＿＿＿＿＿＿＿＿＿＿＿＿＿。（试想）

7. 我看你现在完全可以活得轻松点，＿＿＿＿＿＿＿＿＿＿＿＿＿＿＿＿＿＿＿＿＿＿＿＿＿＿。（没有必要非得……）

8. 他这个人特别幽默，总是有那么多有趣的故事，＿＿＿＿＿＿＿＿＿＿＿＿＿＿＿＿＿＿＿＿＿＿＿＿＿＿。（直到……为止）

9. 刘师傅修车的技术相当棒，我那自行车都四五年没骑了，＿＿＿＿＿＿＿＿＿＿＿＿＿＿＿＿＿＿＿＿＿＿＿＿。（三下五除二）

10. 这个例子并不能说明你就是对的，＿＿＿＿＿＿＿＿＿＿＿＿＿＿＿＿＿＿＿＿＿＿＿＿＿＿＿＿。（恰恰相反）

三、朗读下列句子，注意它们在争论或辩论中的功能：

1. 尊敬的张先生，我有一个问题，请问发展经济重要还是发展教育重要？
   我的问题是，在现在没有资金的情况下该怎么办？
   我感兴趣的是，梁先生对实际情况了解多少？
2. 不错，我确实说过我是一个理想主义者，但这并不意味着我没有实际工作的能力。
   我承认武汉夏天太热，但你别忘了南京也好不到哪儿去！
   我不否认我的学历没有你高，但这说明不了我的能力比你差。
3. 我提醒你别忘了，这是在中国，中国的国情就是这样。
   我要提醒你的是，在这个公司里并不是你说了算！
   贵公司上次一次就从我们这儿拿走了400万，400万哪！对我们这样一个小企业，不是一个小数字啊！
4. 正如马克思所说的那样，只有经济才是社会的基础。
   伊索寓言中早就讲过这样的道理，我们是不能可怜坏人的。

用马部长的话来说就是："不行，不行，绝对不行！"

5. 经济实力只是决定企业成败的一个方面，而另一方面你却没有看到，那就是企业管理。

   我想你忽视了一个最重要的因素，那就是市场。

   恰恰相反，我认为这项事实正说明了你的结论是错误的。

6. 那我们是不是一定要等到事故发生之后才采取措施呢？

   难道你们不知道吸取以前失败的教训吗？

   现在还存在这样的想法，这不是幼稚是什么？

7. 我要是在你的位置上，早就把他开除了！

   要是在我们厂发生这样的事，厂长早就辞职了！

   我建议你还是回家休息休息比较好！

四、朗读下列语段：

游 戏 与 我

我一向以为自己是一个自制力很强的人，还从来没有什么爱好能让我废寝忘食。但最近情况有些变化，两个月前，我还对电脑游戏不屑一顾，可现在如果想到了某种过关的可能，半夜也会跳下床去开电脑。

图 23—4

电脑在我眼里，其功能原来仅相当于一个打字机而已。按说我用电脑已经有些年了，可除了写稿，似乎不知道它还能有什么大用。我对游戏的概念更是有限，基本还停留在“俄罗斯方块”、“挖地雷”阶段。完全不知道游戏的世界早已是沧海桑田了。男友早就下定决心要培养我对游戏的兴趣。自从我们买了电脑后，他就不时地拿一些《电脑爱好者》、《大众软件》来给我扫盲，积极向我“推销”各类游戏。我知道他的用意，如果我也迷上了游戏，就不会嘲笑他玩游戏时那副痴迷的样子了。

应该说我在很短的时间内就被游戏迷住了。骑马仗剑、云游千里，曾经是少年时的梦想，没想到如今在方寸之间的电脑上实现了。在我看来，游戏的最大特点在于它的不可知性。我不知道我这样做的结果会怎样，就像生活中的某些选择，充满悬念，冒险而又刺激。试想，还有什么比控制和改变某种局面更能激发人的信心与勇气呢？有一次得了感冒，请假休息在家。在床上躺得不耐烦，于是接着当我的“游侠”。不知不觉已经到了中午，正在山洞里与蜘蛛精大战，呼机突然响了起来，一看是男友打来的：“我猜你一定又在四处乱打，别忘了吃午饭。”这不，现在轮到他来嘲笑我了。

然而事情并不总是那么让人愉快，因为游戏引发的“战争”也接连不断；有一段时间里，我们吵架的频率与规模，都一度突破了以往的记录。大多时候，都是因为他玩游戏时那种不要命的样子让我看了生气。有一次，为了弄清楚足球与游戏究竟哪个对他更重要，我问他：“如果一边是球赛一边是游戏，你选择哪一个？”他犹豫了半天，终于说：“我要一边玩游戏，一边看球赛。”我想，如果把两个选项的任何一个换成“我”，他一定就不会考虑那么久了……答案一定不会是我。

五、自由表达练习：

1. 你是否喜欢打游戏？为什么？
2. 打游戏有什么好处？有什么坏处？
3. 全班分成两组，以“我说游戏”为题组织一场辩论会。

第二十四课　单元练习

听力练习 1　国际日期变更线

世界上有这样一条线，每天在它的西边开始，在它的东边结束。你知道这条线在哪儿吗？请听录音《国际日期变更线》……

图 24—1

生　词

1. 国际日期变更线　　Guójì Rìqī Biàngēng Xiàn
2. 旋转　（动）　xuánzhuǎn
3. 依次　（副）　yīcì
4. 循环　（动）　xúnhuán
5. 洛杉矶　（专）　Luòshānjī
6. 莫名其妙　　mò míng qí miào
7. 类似　（动）　lèisì
8. 混乱　（形）　hùnluàn
9. 国际经度协会　（专）　Guójì Jīngdù Xiéhuì
10. 分界线　　fēnjiè xiàn
11. 经线　（名）　jīngxiàn
12. 北极　（专）　Běijí
13. 南极　（专）　Nánjí
14. 直线　（名）　zhíxiàn
15. 时区　（名）　shíqū

表达形式

依次

1. 大家不要拥挤，排好队，依次往前走。
2. 我依次向李团长介绍了几个景点，他表示都很感兴趣。

◇ 练　习 ◇

一、听录音，回答问题：

1. 国际日期变更线在哪儿？
2. 为什么要确定国际日期变更线？
3. 国际日期变更线所在的东西十二时区有什么特点？

二、根据录音内容判断正误：

1. 正（　）	误（　）	5. 正（　）	误（　）
2. 正（　）	误（　）	6. 正（　）	误（　）
3. 正（　）	误（　）	7. 正（　）	误（　）
4. 正（　）	误（　）	8. 正（　）	误（　）

三、说一段话解释国际日期变更线。
（确定原因、位置、作用、特点等）

听力练习 2　“害羞”问答

你经常会害羞吗？你知道人为什么会害羞吗？如果邻居家的小姑娘很害羞，你知道应该怎样帮助她吗？请听录音《“害羞”问答》……

图 24—2(1)

图 24—2(2)

生　词

1．害羞	（动）	hàixiū	8．相等	（动）	xiāngděng
2．自卑	（动）	zìbēi	9．妨碍	（动）	fáng'ài
3．相处	（动）	xiāngchǔ	10．长处	（名）	chángchù
4．结果	（名）	jiéguǒ	11．毕竟	（副）	bìjìng
5．忍受	（动）	rěnshòu	12．弱点	（名）	ruòdiǎn
6．煎熬	（动）	jiān'áo	13．律师	（名）	lǜshī
7．成年	（名）	chéngnián	14．支配	（动）	zhīpèi

表达形式

毕竟

1．毕竟还是个孩子呀，遇到这样的情况就不知道怎么办了。

2．王老师毕竟经验丰富，很轻松地把问题解决了。

练　习

一、听录音，回答问题：

1．害羞者一般有哪些表现？

2．唐教授认为有没有天生就害羞的人？

3．女性是否更容易害羞？

4．害羞心理产生的原因是什么？

5．应该怎样帮助害羞者？

二、根据录音内容快速回答问题：

1．根据唐教授的调查，有多少人认为自己害羞？

2．名人是否也害羞？

3．唐教授认为害羞心理是如何形成的？

4．有没有在儿童时代不害羞，成年以后害羞的人？有多少？

5．为什么说害羞问题对男性更突出？

6．一般人认为害羞是不是缺点？

7．害羞者从事哪些工作容易带来麻烦？

8．唐教授最担心的是什么？

9. 为什么说害羞者在事业上、爱情上失败的可能性很大？

10. 害羞者一般能否自己克服害羞心理？

三、根据录音内容填空：

1. ____________________，有许多名人都认为自己害羞。

2. 根据目前研究得出的结论，____________________。

3. ____________________，害羞的问题对男性会更突出一些。

4. ____________________，害羞的人因为缺少跟别人交流，他们很容易产生孤独感。

5. 过多的孤独感____________________________。

6. 但________________，那最好还是去找心理医生看一看。

四、结合自己的情况谈一谈你对害羞问题的认识。

听力练习3　小测验

先听录音，然后根据提问，在A、B、C、D四个答案中选择一个最恰当的答案，用圆圈圈起来。

1. A. 广州宏远队　B. 重庆红岩队　C. 云南红塔队　D. 天津泰达队

2. A. 很满意　B. 不满意　C. 不关心　D. 不了解

3. A. 聪明人没有一般人快乐
   B. 聪明人比一般人快乐
   C. 聪明人比一般人更能够从精神的不平衡状态中恢复过来
   D. 聪明人比一般人更能够从肉体的不平衡状态中恢复过来

4. A. 国力商场　B. 力国商场　C. 北国商场　D. 中山商场

5. A. 朋友的劝告　B. 老师的劝告　C. 父母的反对　D. 女朋友的支持

6. A. 鼻子的作用方面　B. 辨别不同气味的能力方面
   C. 对气味环境的意识方面　D. 感觉是否有气味方面

7. A. 鼓励小王　B. 说服小王　C. 支持小王　D. 反对小王

8. A. 感到吃惊　B. 感到难以相信　C. 感到气愤　D. 感觉不在乎

9. A. 那你为什么要去呢　B. 那你何必要去呢
   C. 那你为什么不去呢　D. 那你就别去了

10. A. 劝告对方　B. 安慰对方　C. 关心对方　D. 讽刺对方

11. A. 支持　B. 反对　C. 无所谓　D. 没感觉

12. A. 18%　B. 36%　C. 41%　D. 55%

13. A. 搜集信息　B. 电子邮件通讯　C. 交流　D. 游戏娱乐

14. A. 塑料玩具　B. 金属玩具　C. 木质玩具　D. 橡胶玩具

15. A. 用消毒水浸泡、清洗　B. 用肥皂水擦洗
   C. 用开水烫　D. 放在日光下晒几个小时

16. A. 微生物学家　B. 孩子　C. 孩子的父母　D. 孩子的伙伴

17. A. 南京　B. 上海　C. 济南　D. 武汉

18. A. 一场　B. 两场　C. 三场　D. 五场

19. A. 中国跳伞队　B. 英国跳伞队
   C. 法国“金梦”特技飞行表演队　D. 中国“金梦”特技飞行表演队

20. A. 本次比赛 9 月 11 日至 11 月 1 日举行
   B. 参加本次比赛的女性飞行大师有 16 名
   C. 本次比赛由中国航空协会主办
   D. 参赛飞机全都是俄罗斯生产的

听力练习 4　歌　　曲

（请教师自备歌曲录音）

一、你听过这些歌吗？

1.《真心英雄》

2.《同桌的你》

3.《爱如潮水》

二、选取其中的一首，听歌曲，填歌词：

三、学唱这首歌。

表　达　练　习

一、朗读下列句子，注意语音、语调：

1. 地球每天自西向东旋转，早晨、中午、晚上则自东向西依次在世界各地循环出现。
2. 这简直让人有点莫名其妙，明明是9月里拍的电报，怎么会在8月里收到呢？
3. 为了避免在同一个国家中同时存在两种日期，这条线并不是一条直线。
4. 按照规定，无论什么时候经过这条线，日期都要发生变化。
5. 而居住在这条线东边的人，却要等待24小时之后才能过新年。
6. 调查结果显示，认为自己害羞的人高达40%，这个数字是我们没有预料到的。
7. 但他们自己说他们也在忍受着害羞心理的煎熬。
8. 根据我们目前研究得出的结论，答案是否定的。
9. 也有很多被调查者，他们小时候害羞，长到一定年龄的时候，却变得不害羞了。

10. 从这个角度来看，害羞的问题对男性会更突出一些。

11. 如果害羞者所做的是经理、教师或者律师这类工作的话，那就要带来许多工作上的麻烦了。

12. 害羞心理产生的根本原因是害羞者过分地追求安全感，不想冒险。

二、选词填空：

（依次、赶忙、毕竟、提醒、被动、维持、平衡、推迟、自信、刺激）

1. 我现在爬到四楼都觉得累，__________还是你们年轻人体力好啊！

2. 他们两个已经分居很多年了，只是夫妻关系还__________着。

3. 听说老邻居吴大妈来了，我们__________跑出去迎接她。

4. 干一样的活，他凭什么拿那么多？大家心里感到很不__________！

5. 你们目前的局面太____________了，还得多想想办法啊！

6. 你别那么缺乏_________，现在像你这样既年轻又懂专业的人不多。

7. 他的身体还很弱，承受不了这么大的______，还是暂时别告诉他吧！

8. 陈大夫________给他们几个详细地检查了身体，检查结果很不乐观。

9. 你还不知道啊，数学考试____________到下个星期四了。

10. 到时候别忘了________________他给陈老师打个电话。

三、使用指定词语完成会话：

1. A：哎，AC米兰队在上个赛季成绩怎么样？

   B：还可以，______________________________。（……胜……平……负）

2. A：郑教授和刘主任对我们的试验计划怎么看？

   B：郑教授很支持，____。（则）

3. A：听说小刘出差回来变瘦了，是吗？

   B：瘦多了，____。（以至于）

4. A：我听说从一开始谢军就不占优势。

   B：是的，但____。（最终）

5. A：我还是想不出我错在哪儿了！

   B：想不出你就在外边站着，______________________！（直到……为止）

6. A:你工作两年多了,感觉怎么样?

B:________________________________。 (正如……所说)

7. A:你当初在广州工作不是挺好的吗?为什么要调回来?

B:________________________________。 (出于……考虑)

8. A:哎,老师说这道题怎么做来着?

B:________________________________。 (非得)

9. A:我认为孩子18岁以后就应该让他们独立生活了。

B:________________________________。 (在这一点上)

10. A:我们6月12号从西安出发,经过敦煌,到兰州,又经过……

B:________________________________? (打断一下儿)

11. A:马主任,我厂租用贵公司厂房的事办得怎么样了?

B:________________________________。(征得……同意)

12. A:你知道吗?我妈妈下岗了!

B:下岗怎么了?________________________。 (意味着)

13. A:你打碎了我的杯子,凭什么不赔偿?

B:________________________。 (如果是因为……但是……)

14. A:李院长,我们应该怎样申请去英国留学呢?

B:是这样,________________________。 (首先……其次)

四、根据题目要求完成下列会话:

1. A:我听说小常从韩国回来了。

B:________________________________? (怀疑)

2. A:说真的,我当时真的有点害怕,已经是夜里1点了。

B:________________________________? (追问)

3. A:我很远就看见有很多人围在那儿,就赶忙跑过去……

B:________________________________? (插话)

4. A:这件事跟我无关,我什么也不知道!

B:________________________________。 (纠正)

5. A:张经理,贷款的事怎么办?

B:____。　（犹豫）

6. A:我还清楚地记得你们家门口的那棵栗子树呢!

B:____!　（补充）

7. A:那家公司后来到底怎么样了?

B:____。　（引用）

8. A:我只是想劝他早点回家,没想到他竟然对我说那么难听的话!

B:____。　（提醒）

9. A:你是怀疑张青拿了你的书吧?

B:____!　（断定）

10. A:第一次跟你们国家的警察打交道,我还真有点儿紧张。

B:____?　（反问）

五、使用指定词语把对话继续下去:

1. A: 昨天北京国安队输得太不应该了!
B: 是啊!上半场形势挺好的,不知道为什么下半场踢得这么差……
A: ……
B: ……
（领先、反击、应变、点球、最终）

2. A: 陈教授,当时国外的环境很好,你为什么选择了回国呢?
B: 国外的环境好是好,可话说回来,……
A: ……
B: ……
（毕竟、促使、出于……考虑、两全其美、后者）

3. A:唐老师,我这种情况是一种心理疾病吧?
B:疾病还谈不上,只是有点自卑……
A:……
B:……
（自信、不要总是……、反过来说、在这一点上、克服）

4. A:李院长,你刚才提到“绿色食品”,请问什么是“绿色食品”?
B:所谓“绿色食品”,是指……
A:……

B:……

(跟……不是一回事、进一步解释、除了……以外、从现在来看)

5. A:有人说,对于女人来说,事业与家庭之间的矛盾是免不了的,你怎么看?

B:在我看来,……

A:……

B:……

(调节、反过来说、何况、说到底、试想)

六、朗读下列语段:

说谎者悖论

“我正在说的这句话是谎话。”——公元前四世纪的希腊哲学家欧几里德提出的这个悖论,至今还在困扰着数学家和逻辑学家。因为,如果你说它是真话,那么按照话的内容分析,它就应该是一句谎话;反过来,如果你说它是谎话,由于它说自己在说一句谎话,当然它就应该是一句真话了。那么这句话到底是真话还是谎话呢?

图 24—4

类似的悖论最早是在公元前六世纪出现的,当时克里特岛的一位哲学家曾经说过:“所有克里特岛人都说谎。”这句话就有两种理解:假如说他的话是对的,那么作为克里特岛人的这位哲学家就是在说谎,他的话就是错的;反之,假如说他的话是不对的,那么克里特岛也有人不说谎,他的话就是对的。因而,无论怎样都无法自圆其说。这一点就足以使当时的人们感到惊讶。

说谎者悖论有许多变化形式,例如,在同一张纸上写出下列两句话:“下一句话是谎话,上一句话是真话。”或者写出一连串的“下一句话是真话,下一句话是真话,……”最后标明:“第一句话是谎话。”

更有趣的是下面的对话。同学甲对他的朋友乙说:“你下句话要讲的是‘不’,对不对?请用‘是’或者‘不’来回答!”如果乙回答说:“是!”这就表明他同意了问话人的预言,也就是他要讲的是“不”,因此他的回答是与自己的本意相矛盾的。如果乙回答说:“不!”这就表明他不同意问话人的预言,因此他就应当回答“是”,因而又与自己的本意相矛盾。究竟如何回答,这是数学家和逻辑学家正在研究但尚未解决的问题。

七、自由表达练习:

1. 试用自己的话解释什么是“悖论”?

2. 为什么说以下几句话是“悖论”?

A. “我正在说的这句话是谎话。”

B. “所有克里特岛人都说谎。”

C. “下一句话是谎话,上一句话是真话。”

D. “你下句话要讲的是‘不’,对不对?请用‘是’或者‘不’来回答!”

词 汇 表

说明:1. 本表收入《汉语听说教程》13～24课中出现的所有生词。
2. 本表按汉语拼音顺序排列。
3. 每条词语先列其出现的课数及听力材料,其次为该词语及其词性,再次为汉语拼音,最后为该词语在《汉语水平词汇等级大纲》中所处的等级。

A

23(3)	阿凡提	(专)	Āfántí	
16(2)	癌症	(名)	áizhèng	丁
23(1)	安定医院	(专)	Āndìng Yīyuàn	
20(1)	安装	(动)	ānzhuāng	丁
18(2)	安康保险公司	(专)	Ānkāng Bǎoxiǎn Gōngsī	
22(3)	昂贵	(形)	ángguì	丁

B

23(3)	巴依老爷	(专)	Bāyī Lǎoye	
17(1)	把关	(动)	bǎguān	丁
17(2)	把手	(名)	bǎshou	丁
15(3)	百忙之中		bǎi máng zhī zhōng	
19(3)	拜年	(动)	bàinián	丁
16(2)	颁发	(动)	bānfā	丁
17(1)	板栗	(名)	bǎnlì	
20(2)	办理	(动)	bànlǐ	丙
18(3)	伴随	(动)	bànsuí	丁
22(3)	宝贝	(名)	bǎobèi	丁
15(1)	饱含		bǎo hán	
14(3)	报表	(名)	bàobiǎo	
17(1)	报价	(动)	bàojià	
14(1)	爆发	(动)	bàofā	丙
13(2)	悲伤	(形)	bēishāng	丁
24(1)	北极	(专)	Běijí	
22(2)	被动	(形)	bèidòng	丙

15(2)	辈	（量）	bèi	丙
14(2)	本身	（代）	běnshēn	丙
18(3)	比尔·盖茨	（专）	Bǐ'ěr·Gàicí	
21(1)	比分	（名）	bǐfēn	丁
18(1)	必定	（副）	bìdìng	丙
24(2)	毕竟	（副）	bìjìng	丙
15(2)	编辑	（名）	biānjí	丙
22(1)	贬义	（名）	biǎnyì	丁
18(2)	变数	（名）	biànshù	
13(3)	别	（动）	biè	丙
13(3)	并(线)	（动）	bìng(xiàn)	
14(1)	剥夺	（动）	bōduó	
21(2)	博士	（名）	bóshì	丙
18(2)	补偿	（动）	bǔcháng	丁
13(1)	不孝之子		bù xiào zhī zǐ	
14(1)	不安	（形）	bù'ān	丙
19(1)	不当	（形）	bùdàng	丁
13(1)	不妨	（副）	bùfáng	
23(2)	不知所措		bù zhī suǒ cuò	
16(1)	不只	（连）	bùzhǐ	丙
18(1)	不忠		bù zhōng	
19(1)	不足	（形）	bùzú	丙

C

22(1)	层次	（名）	céngcì	丁
17(1)	差别	（名）	chābié	丙
18(3)	嚓嚓作响		chāchā zuò xiǎng	
18(2)	刹那	（名）	chànà	丁
24(2)	长处	（名）	chángchù	丁
18(2)	长远	（形）	chángyuǎn	丙
17(2)	畅销	（动）	chàngxiāo	丁
19(3)	钞票	（名）	chāopiào	丙
22(2)	承担	（动）	chéngdān	丙
23(2)	吃力	（形）	chīlì	丙
17(1)	成交	（动）	chéngjiāo	丁
24(2)	成年	（名）	chéngnián	
19(1)	乘人之危		chéng rén zhī wēi	
18(2)	承办	（动）	chéngbàn	丁
19(2)	迟	（形）	chí	丙

18(1)	充实	(形)	chōngshí	丙
16(1)	出发点	(名)	chūfādiǎn	丁
13(1)	出面	(动)	chūmiàn	丁
21(3)	出人意料		chū rén yìliào	
21(3)	出色	(形)	chūsè	丁
13(2)	出事		chū shì	丙
23(1)	出售	(动)	chūshòu	丁
23(3)	厨师	(名)	chúshī	丁
15(3)	穿行	(动)	chuānxíng	
16(2)	传达	(动)	chuándá	丙
17(2)	传真	(名)	chuánzhēn	丁
18(1)	创伤	(名)	chuāngshāng	
13(1)	除此之外		chú cǐ zhī wài	
15(1)	捶	(动)	chuí	丁
16(1)	纯洁	(形)	chúnjié	丙
17(3)	纯正	(形)	chúnzhèng	
19(1)	辞职	(动)	cízhí	丁
20(2)	次	(形)	cì	丙
23(1)	刺激	(动)	cìjī	丙
22(1)	促使	(动)	cùshǐ	丙
13(2)	脆弱	(形)	cuìruò	丁
15(3)	错位	(动)	cuòwèi	
13(2)	挫折	(名)	cuòzhé	丙

D

17(2)	搭配	(动)	dāpèi	丁
19(1)	答复	(动)	dáfù	丙
21(1)	打败	(动)	dǎbài	丙
22(2)	打断	(动)	dǎduàn	
23(1)	打折	(动)	dǎzhé	
21(1)	大都	(副)	dàdōu	丙
14(2)	大力	(副)	dàlì	丙
19(2)	大厦	(名)	dàshà	丁
14(3)	大致	(副)	dàzhì	丙
15(2)	大专	(名)	dàzhuān	
14(2)	带动	(动)	dàidòng	丙
21(1)	代价	(名)	dàijià	丙
18(2)	代理	(动)	dàilǐ	丙
22(2)	单亲(家庭)	(形)	dānqīn(jiātíng)	

16(1)	耽误	（动）	dānwù	丙
22(2)	淡化	（动）	dànhuà	
20(2)	当天	（名）	dàngtiān	丁
20(1)	盗版	（形）	dàobǎn	
13(3)	嘀嘀	（象声）	dīdī	
18(2)	地步	（名）	dìbù	丙
14(3)	地理	（名）	dìlǐ	丙
15(2)	电脑	（名）	diànnǎo	丙
14(2)	电子	（名）	diànzǐ	丙
22(3)	订婚	（动）	dìnghūn	丙
15(2)	定额	（名）	dìng'é	
23(2)	定型	（动）	dìngxíng	
21(3)	东道主	（名）	dōngdàozhǔ	丁
21(3)	东亚	（专）	Dōngyà	
14(3)	董事	（名）	dǒngshì	丁
20(2)	动机	（名）	dòngjī	丙
14(1)	动力	（名）	dònglì	丙
13(3)	斗气	（动）	dòuqì	
13(1)	赌气	（动）	dǔqì	
23(3)	顿时	（副）	dùnshí	丙
15(1)	多亏	（动）	duōkuī	丙
21(3)	夺得	（动）	duódé	丁
21(3)	夺取	（动）	duóqǔ	丙

E

16(1)	扼杀	（动）	èshā	
23(1)	鳄鱼	（专）	Èyú	
21(2)	恩惠	（名）	ēnhuì	

F

19(3)	发	（动）	fā	
19(1)	法庭	（名）	fǎtíng	丁
13(3)	烦	（动）	fán	丙
14(1)	烦恼	（动）	fánnǎo	丁
15(3)	繁华	（形）	fánhuá	丁
21(2)	反驳	（动）	fǎnbó	丁
21(3)	反击	（动）	fǎnjī	丙
23(1)	反作用		fǎn zuòyòng	
14(2)	方方面面		fāng fāng miàn miàn	

17(2)	方巾	(名)	fāngjīn	
16(2)	防治	(动)	fángzhì	丙
24(2)	妨碍	(动)	fáng'ài	丙
16(1)	放松	(动)	fàngsōng	丙
14(2)	废气	(名)	fèiqì	
15(2)	分工	(名)	fēngōng	丙
24(1)	分界线		fēnjiè xiàn	
10(1)	分流	(动)	fēn liú	
18(2)	分期	(副)	fēnqī	丁
13(1)	分歧	(名)	fēnqí	丁
18(2)	风险	(名)	fēngxiǎn	丁
17(1)	幅度	(名)	fúdù	丁
23(1)	服装	(名)	fúzhuāng	丁
21(1)	负	(动)	fù	丙
18(2)	负担	(动)	fùdān	丙
19(3)	富裕	(形)	fùyù	丙

G

23(3)	赶忙	(副)	gǎnmáng	丙
15(2)	钢琴	(名)	gāngqín	丁
22(3)	硌	(动)	gè	
22(2)	格局	(名)	géjú	丁
18(3)	个性	(名)	gèxìng	丙
16(1)	跟踪	(动)	gēnzōng	丁
17(2)	公道	(形)	gōngdào	丁
20(2)	公寓	(名)	gōngyù	
21(3)	攻击(型)	(动)	gōngjī(xíng)	丙
20(2)	攻克	(动)	gōngkè	丙
17(2)	功能	(名)	gōngnéng	丙
17(1)	购买	(动)	gòumǎi	丙
22(3)	骨头	(名)	gǔtou	乙
14(1)	固然	(连)	gùrán	丙
16(2)	关闭	(动)	guānbì	丁
17(1)	官方	(名)	guānfāng	丁
23(2)	惯用眼		guàn yòng yǎn	
13(3)	规矩	(名)	guīju	丙
14(1)	鬼混	(动)	guǐhùn	
24(1)	国际经度协会	(专)	Guójì Jīngdù Xiéhuì	
24(1)	国际日期变更线	(专)	Guójì Rìqī Biàngēng Xiàn	

13(3)	国有国法,行有行规		guó yǒu guó fǎ, háng yǒu háng guī	
17(3)	果味		guǒ wèi	
17(3)	果汁	(名)	guǒzhī	
14(1)	过问	(动)	guòwèn	丁

H

22(3)	海运	(动)	hǎiyùn	
24(2)	害羞	(动)	hàixiū	丁
13(1)	耗	(动)	hào	丙
19(1)	何必	(副)	hébì	丙
16(1)	何况	(连)	hékuàng	丙
23(1)	何乐而不为		hé lè ér bù wéi	
18(1)	和解	(动)	héjiě	丁
18(1)	黑夜	(名)	hēiyè	丙
15(1)	狠狠	(副)	hěnhěn	
16(2)	宏发化工厂	(专)	Hóngfā Huàgōng Chǎng	
18(3)	后者	(名)	hòuzhě	
18(2)	忽略	(动)	hūlüè	丁
18(3)	(互联)网	(专)	(Hùlián)Wǎng	
17(2)	花朵	(名)	huāduǒ	丙
17(2)	花卉	(名)	huāhuì	
18(2)	划算	(行)	huásuàn	
16(2)	化工	(名)	huàgōng	丙
21(1)	话题	(名)	huàtí	丁
15(1)	怀(有)	(动)	huái(yǒu)	丙
16(2)	淮河	(专)	Huái Hé	
14(2)	环保	(名)	huánbǎo	
16(1)	荒漠	(名)	huāngmò	
15(3)	恍惚	(形)	huǎnghū	
15(2)	绘画	(名)	huìhuà	丁
24(1)	混乱	(形)	hùnluàn	丙
19(3)	活期	(形)	huóqī	
13(2)	或早或晚		huò zǎo huò wǎn	
22(3)	货物	(名)	huòwù	丙

J

15(1)	鸡毛蒜皮		jī máo suàn pí	
13(1)	积蓄	(名)	jīxù	
13(2)	即使	(连)	jíshǐ	丙

17(3)	即饮	(形)	jíyǐn	
15(3)	急于	(动)	jíyú	丁
18(2)	给予	(动)	jǐyǔ	丙
22(2)	技能	(名)	jìnéng	丙
21(1)	计算机	(名)	jìsuànjī	丙
19(3)	家底儿	(名)	jiādǐr	
21(1)	加里·卡斯帕罗夫	(专)	Jiālǐ·Kǎsīpàluófū	
17(3)	加热		jiārè	丁
13(3)	加速	(动)	jiāsù	丙
13(1)	假如	(连)	jiǎrú	丁
17(2)	价钱	(名)	jiàqián	丙
24(2)	煎熬	(动)	jiān'áo	
14(1)	监督	(动)	jiāndū	丙
17(1)	减产	(动)	jiǎnchǎn	丁
13(3)	减速	(动)	jiǎnsù	
23(1)	健全	(形)	jiànquán	丙
23(1)	降价		jiàng jià	丁
17(2)	交代	(动)	jiāodài	丙
18(2)	交付	(动)	jiāofù	丁
18(3)	角落	(名)	jiǎoluò	丙
13(1)	接连	(副)	jiēlián	丙
20(2)	接收	(动)	jiēshōu	丁
21(2)	杰出	(形)	jiéchū	丁
24(2)	结果	(名)	jiéguǒ	丙
19(3)	结账	(动)	jiézhàng	
22(3)	戒指	(名)	jièzhi	
18(3)	界限	(名)	jièxiàn	丁
19(3)	今非昔比		jīn fēi xī bǐ	
22(3)	精心	(形)	jīngxīn	丁
24(1)	经线	(名)	jīngxiàn	
17(2)	警告	(动)	jǐnggào	丙
19(2)	镜头	(名)	jìngtóu	丁
22(3)	纠纷	(名)	jiūfēn	丁
21(1)	局	(量)	jú	
19(2)	局面	(名)	júmiàn	丙
21(2)	拒签	(动)	jùqiān	
19(2)	据悉	(副)	jùxī	丁

K

19(3)	卡	（名）	kǎ	
21(1)	（卡）氏		(kǎ)shì	
13(2)	开导	（动）	kāidǎo	
16(2)	开工	（动）	kāigōng	丁
17(1)	开门见山		kāi mén jiàn shān	
18(3)	开拓	（动）	kāituò	丁
18(2)	开支	（名）	kāizhī	丁
14(3)	考察	（动、名）	kǎochá	丙
19(2)	科室	（名）	kēshì	
19(3)	磕头	（动）	kētóu	
23(2)	可观	（形）	kěguān	丁
22(2)	空巢(家庭)		kōngcháo(jiātíng)	
21(2)	空洞	（形）	kōngdòng	丁
18(3)	恐龙	（名）	kǒnglóng	
23(2)	口吃	（动）	kǒuchī	
17(3)	口味	（名）	kǒuwèi	
16(1)	扣押	（动）	kòuyā	
23(2)	扣子	（名）	kòuzi	
17(2)	夸	（动）	kuā	丙
17(2)	款式	（名）	kuǎnshì	
17(3)	矿泉水	（名）	kuàngquánshuǐ	

L

23(2)	拉链	（名）	lāliàn	
13(3)	喇叭	（名）	lǎba	丙
22(2)	老龄化	（动）	lǎolínghuà	
15(2)	老婆	（名）	lǎopo	丙
24(1)	类似	（动）	lèisì	丙
23(3)	愣	（动）	lèng	丙
21(3)	黎兵	（专）	Lí Bīng	
18(1)	理睬	（动）	lǐcǎi	丁
23(1)	利大于弊		lì dàyú bì	
23(1)	利润	（名）	lìrùn	丙
20(2)	力所能及		lì suǒ néng jí	
19(3)	两肋插刀		liǎng lèi chā dāo	
22(1)	两全其美		liǎng quán qí měi	
19(2)	凌晨	（名）	língchén	丁

13(1)	零用钱		língyòng qián	
21(3)	领先	（动）	lǐngxiān	丁
16(2)	流域	（名）	liúyù	丙
15(1)	录用	（动）	lùyòng	丁
15(2)	轮（到）	（动）	lún(dào)	
24(1)	洛杉矶	（专）	Luòshānjī	
15(3)	缕	（量）	lǚ	
16(2)	屡禁不止		lǚ jìn bù zhǐ	
14(2)	绿地	（名）	lǜdì	
24(2)	律师	（名）	lǜshī	丁

M

17(2)	码	（量）	mǎ	
19(3)	买单	（动）	mǎidān	
23(3)	眉毛	（名）	méimao	丙
17(2)	美观	（形）	měiguān	丙
15(3)	猛然	（副）	měngrán	丙
22(1)	梦想	（名、动）	mèngxiǎng	丙
16(1)	勉强	（动）	miǎnqiǎng	丙
19(2)	灭火器	（名）	mièhuǒ qì	
19(1)	名义	（名）	míngyì	丁
21(3)	命中	（动）	mìngzhòng	
24(1)	莫名其妙		mò míng qí miào	丁

N

24(1)	南极	（专）	Nánjí	
22(2)	女性	（名）	nǚxìng	丁

P

14(2)	排放	（动）	páifàng	
20(2)	排解	（动）	páijiě	
21(3)	排名	（动）	páimíng	
13(2)	螃蟹	（名）	pángxiè	
13(2)	抛弃	（动）	pāoqì	丁
18(3)	泡	（动）	pào	丙
20(2)	陪读	（动）	péidú	
22(2)	培训	（动）	péixùn	丁
20(2)	配偶	（名）	pèi'ǒu	丁
19(3)	皮夹子	（名）	píjiāzi	

16(2)	贫困	（形）	pínkùn	丁
23(1)	品牌	（名）	pǐnpái	
23(2)	平衡	（形）	pínghéng	丙
22(1)	平平淡淡		píng píng dàn dàn	
21(3)	凭借	（动）	píngjiè	
13(1)	婆婆	（名）	pópo	丁
19(2)	扑灭		pū miè	丁

Q

23(3)	欺负	（动）	qīfu	丙
16(1)	期望	（动）	qīwàng	丁
22(3)	七嘴八舌		qī zuǐ bā shé	
14(3)	起步	（动）	qǐbù	
15(3)	起初	（名）	qǐchū	丙
21(2)	乞讨	（动）	qǐtǎo	
21(2)	气概	（名）	qìgài	丙
13(1)	气话		qì huà	
23(2)	器械	（名）	qìxiè	丁
23(1)	恰恰	（副）	qiàqià	丙
17(1)	洽谈	（动）	qiàtán	丁
17(1)	签	（动）	qiān	
20(2)	签证	（动）	qiānzhèng	丁
14(2)	牵扯	（动）	qiānchě	丁
18(2)	潜伏	（动）	qiánfú	丁
19(1)	欠条	（名）	qiàntiáo	
14(1)	强迫	（动）	qiǎngpò	丙
19(1)	亲兄弟明算账		qīn xiōngdì míng suànzhàng	
22(1)	青春	（名）	qīngchūn	丙
16(2)	清除	（动）	qīngchú	丙
15(2)	清扫	（动）	qīngsǎo	
21(2)	倾向	（名）	qīngxiàng	丙
16(1)	情感	（名）	qínggǎn	丁
18(1)	屈指可数		qū zhǐ kě shǔ	
21(3)	全力	（副）	quánlì	丁
15(1)	拳头	（名）	quántou	丙
17(3)	群体	（名）	qúntǐ	丁

R

13(1)	热线	（名）	rèxiàn	

13(3)	人活脸面树活皮		rén huó liǎnmiàn shù huó pí	
18(2)	人寿险		rén shòu xiǎn	
18(3)	忍不住		rěn bù zhù	丙
24(2)	忍受	(动)	rěnshòu	丙
15(2)	忍心	(形)	rěnxīn	
16(2)	日益	(副)	rìyì	丙
17(3)	柔和	(形)	róuhé	丁
22(1)	如日中天		rú rì zhōng tiān	
21(2)	入境	(动)	rùjìng	丁
20(1)	软件	(名)	ruǎnjiàn	
24(2)	弱点	(名)	ruòdiǎn	丁

S

23(3)	三下五除二		sān xià wǔ chú èr	
18(1)	丧失	(动)	sàngshī	丙
20(1)	扫描仪	(名)	sǎomiáoyí	
23(1)	杀鸡取卵		shā jī qǔ luǎn	
13(2)	善待	(动)	shàndài	
13(1)	赡养	(动)	shànyǎng	
13(1)	伤害	(动)	shānghài	丙
18(2)	上门服务		shàngmén fúwù	
19(2)	上任	(动)	shàngrèn	丁
18(3)	上网		shàng wǎng	
17(1)	上涨	(动)	shàngzhǎng	丁
22(1)	涉及	(动)	shèjí	丁
22(2)	社区	(名)	shèqū	
18(1)	设想	(动)	shèxiǎng	丙
15(1)	伸出		shēn chū	
21(2)	申请	(动)	shēnqǐng	丙
13(3)	深思	(动)	shēnsī	
15(3)	声响	(名)	shēngxiǎng	
20(2)	省心	(动)	shěngxīn	
15(3)	时差	(名)	shíchā	
15(3)	时光	(名)	shíguāng	丁
24(1)	时区	(名)	shíqū	
19(1)	实不相瞒		shí bù xiāng mán	
23(3)	示意	(动)	shìyì	丁
16(2)	事故	(名)	shìgù	丙
23(1)	试想		shìxiǎng	

18(2)	寿险保障金		shòuxiǎn bǎozhàng jīn	
16(1)	书本	(名)	shūběn	丙
18(3)	鼠标	(名)	shǔbiāo	
14(3)	数目	(名)	shùmù	丙
21(2)	说法	(名)	shuōfǎ	丙
16(1)	说服	(动)	shuōfú	丙
23(1)	说服力		shuōfú lì	
22(1)	思考	(动)	sīkǎo	丙
13(3)	私了	(动)	sīliǎo	
20(1)	死机	(动)	sǐjī	
21(2)	死马当活马医		sǐ mǎ dàng huó mǎ yī	
21(3)	四强赛		sì qiáng sài	
13(1)	诉说	(动)	sùshuō	

T

13(1)	坦率	(形)	tǎnshuài	
15(1)	叹气	(动)	tànqì	丙
17(3)	碳酸	(名)	tànsuān	
15(1)	淘气	(形)	táoqì	丁
14(1)	淘汰	(动)	táotài	丁
21(2)	讨	(动)	tǎo	丁
23(3)	剃刀	(名)	tìdāo	
23(1)	T恤衫	(名)	tìxùshān	
20(2)	天地	(名)	tiāndì	丁
23(2)	天生	(形)	tiānshēng	丁
17(1)	挑选	(动)	tiāoxuǎn	丙
22(1)	调节	(动)	tiáojié	丙
16(2)	条例	(名)	tiáolì	丙
13(3)	挑衅	(动)	tiǎoxìn	丁
16(1)	听其自然		tīng qí zìrán	
16(2)	停产	(动)	tíngchǎn	
17(1)	统计	(动)	tǒngjì	丙
19(2)	痛心	(形)	tòngxīn	
18(2)	投保	(动)	tóubǎo	
14(3)	投资	(动)	tóuzī	丁
17(2)	图案	(名)	tú'àn	丙
22(3)	推迟	(动)	tuīchí	丙
23(1)	推出		tuī chū	
21(2)	托福	(专)	Tuōfú	

W

14(1)	歪曲	(动)	wāiqū	丙
17(2)	外形	(名)	wàixíng	丁
15(1)	顽固	(形)	wángù	丙
14(3)	完善	(形)	wánshàn	丙
20(1)	万不得已		wàn bù dé yǐ	
19(2)	万事兴	(专)	Wànshìxīng	
21(1)	王	(名)	wáng	
18(3)	网虫	(名)	wǎngchóng	
21(1)	维持	(动)	wéichí	丙
20(1)	维修	(动)	wéixiū	丁
21(1)	帷幕	(名)	wéimù	
14(3)	为期	(名)	wéiqī	丁
20(2)	委托	(动)	wěituō	丙
22(3)	未婚妻	(名)	wèihūnqī	
22(1)	卫视	(名)	wèishì	
23(2)	位于	(动)	wèiyú	丙
21(2)	无话可说		wú huà kě shuō	丁
15(3)	无声无息		wú shēng wú xī	
16(1)	无所谓	(动)	wúsuǒwèi	丙
23(1)	无序	(形)	wúxù	
15(2)	舞蹈	(名)	wǔdǎo	丙
23(2)	物体	(名)	wùtǐ	丙

X

17(2)	西欧	(专)	Xī'ōu	
17(2)	西亚	(专)	Xīyà	
19(2)	吸取	(动)	xīqǔ	丙
17(3)	喜好	(名)	xǐhào	
14(1)	下滑	(动)	xiàhuá	
18(2)	险种	(名)	xiǎnzhǒng	
19(2)	现场	(名)	xiànchǎng	丁
19(3)	现金	(名)	xiànjīn	丁
18(1)	相安无事		xiāng ān wú shì	
18(3)	相差	(动)	xiāngchà	丁
24(2)	相处	(动)	xiāngchǔ	
24(2)	相等	(动)	xiāngděng	丁
18(3)	相识	(动)	xiāngshí	丁

15(3)	乡思	（名）	xiāngsī	
19(1)	想必	（副）	xiǎngbì	
23(3)	想方设法		xiǎng fāng shè fǎ	丁
22(1)	向往	（动）	xiàngwǎng	丁
21(1)	象棋	（名）	xiàngqí	丁
19(3)	相声	（名）	xiàngsheng	丙
19(2)	消防	（名）	xiāofáng	
15(3)	小贩	（名）	xiǎofàn	
22(2)	协会	（名）	xiéhuì	丙
16(1)	心事	（名）	xīnshì	丙
14(1)	心思	（名）	xīnsi	丙
14(1)	心疼	（动）	xīnténg	丁
15(3)	心头	（名）	xīntóu	丁
19(1)	信用	（名）	xìnyòng	丁
17(3)	型	（名）	xíng	丁
13(3)	行驶	（动）	xíngshǐ	丙
17(3)	性别	（名）	xìngbié	丙
13(3)	性命	（名）	xìngmìng	丁
22(3)	悬念	（名）	xuánniàn	丁
24(1)	旋转	（动）	xuánzhuàn	丙
24(1)	循环	（动）	xúnhuán	丙

Y

15(3)	淹没	（动）	yānmò	丁
19(2)	严	（形）	yán	丙
14(3)	沿海	（名）	yánhǎi	丙
20(1)	演示	（动）	yǎnshì	
19(1)	眼下	（名）	yǎnxià	丁
22(1)	厌烦	（动）	yànfán	
17(2)	样品	（名）	yàngpǐn	丁
15(2)	夜班	（名）	yèbān	丁
24(1)	依次	（副）	yīcì	丁
13(3)	一个劲儿	（副）	yīgejìnr	丁
17(1)	一分钱一分货		yī fēn qián yī fēn huò	丁
15(1)	一声不吭		yī shēng bù kēng	
21(2)	移民	（动）	yímín	丁
18(3)	以至于	（连）	yǐzhìyú	丁
18(2)	意外伤害险		yìwài shānghài xiǎn	
18(1)	异性	（名）	yìxìng	

17(3)	饮料	（名）	yǐnliào	丙
17(3)	饮食	（名）	yǐnshí	丁
17(3)	饮用	（动）	yǐnyòng	
21(1)	应变	（动）	yìngbiàn	
15(3)	应付	（动）	yìngfù	丙
15(1)	涌	（动）	yǒng	丙
14(3)	优惠	（形）	yōuhuì	丁
14(3)	优越	（形）	yōuyuè	丙
16(2)	游击战	（名）	yóujīzhàn	
21(1)	游戏	（动）	yóuxì	丙
13(2)	友情	（名）	yǒuqíng	丁
22(2)	有幸	（形）	yǒuxìng	
22(2)	娱乐	（名）	yúlè	丙
18(3)	约束	（动）	yuēshù	丁
23(2)	运用自如		yùnyòng zìrú	
23(1)	运转	（动）	yùnzhuǎn	丙

Z

19(1)	在于	（动）	zàiyú	丙
19(1)	债	（名）	zhài	丙
21(2)	展望	（动）	zhǎnwàng	丁
23(1)	展销	（动）	zhǎnxiāo	丁
14(2)	占用	（动）	zhànyòng	
14(3)	战略	（名）	zhànlüè	丙
18(3)	障碍	（名）	zhàng'ài	丙
15(2)	招聘	（动）	zhāopìn	丁
22(2)	照料	（动）	zhàoliào	丁
17(2)	真丝	（名）	zhēnsī	
22(3)	珍珠	（名）	zhēnzhū	丙
13(2)	振作	（动）	zhènzuò	
14(1)	争吵	（动）	zhēngchǎo	丁
14(3)	争夺	（动）	zhēngduó	丙
22(1)	征得（同意）		zhēngdé（tóngyì）	
17(1)	整体	（名）	zhěngtǐ	丙
20(1)	正版	（形）	zhèngbǎn	
24(2)	支配	（动）	zhīpèi	丙
15(2)	职称	（名）	zhíchēng	丁
24(1)	直线	（名）	zhíxiàn	丁
14(1)	至于	（副）	zhìyú	丙

17(2)	制	（动）	zhì	丙
22(1)	制作	（动）	zhìzuò	丙
15(2)	智力	（名）	zhìlì	丁
17(1)	种植	（动）	zhòngzhí	丙
16(1)	周全	（形）	zhōuquán	
15(1)	诸位	（代）	zhūwèi	丁
19(2)	主管	（动）	zhǔguǎn	丁
20(1)	主机	（名）	zhǔjī	
23(2)	注视	（动）	zhùshì	丙
20(2)	住宿	（动）	zhùsù	
18(3)	专用	（动）	zhuānyòng	丁
22(3)	桩	（量）	zhuāng	丙
19(1)	追究	（动）	zhuījiū	丁
15(1)	资格	（名）	zīgé	丙
24(2)	自卑	（动）	zìbēi	
21(2)	自豪	（形）	zìháo	丙
13(2)	自杀	（动）	zìshā	丁
14(1)	自食其力		zì shí qí lì	
21(1)	自信	（形）	zìxìn	丙
15(2)	总得	（助动）	zǒngděi	丙
18(1)	总共	（副）	zǒnggòng	丙
15(2)	总算	（副）	zǒngsuàn	丙
16(2)	走访	（动）	zǒufǎng	丁
15(1)	揍	（动）	zòu	丁
21(2)	足以	（副）	zúyǐ	丁
13(2)	阻止	（动）	zǔzhǐ	丙
22(3)	钻石	（名）	zuànshí	丁
21(1)	最终	（副）	zuìzhōng	
17(2)	左撇子	（名）	zuǒpiězi	
21(1)	作战	（动）	zuòzhàn	丙

表 达 形 式 表

说明：1. 本表收入《汉语听说教程》13～24 课中出现的表达形式。
2. 本表按汉语拼音顺序排列。
3. 每条词语先列其出现的课数及听力练习，次为该词语及其汉语拼音。

19(2)	挨个儿	āigèr
24(2)	毕竟	bìjìng
14(2)	不单是……	bù dān shì……
13(1)	不妨	bùfáng
16(1)	不只	bùzhǐ
18(2)	刹那	chànà
22(1)	出于……考虑	chūyú……kǎolǜ
13(1)	除此之外	chú cǐ zhī wài
14(1)	除了……还是……	chúle……háishì……
22(2)	打断一下儿	dǎduàn yī xiàr
13(3)	大不了	dàbùliǎo
21(1)	大都	dàdōu
14(3)	大致	dàzhì
19(1)	到……地步	dào……dìbù
13(1)	动不动……	dòngbùdòng……
22(1)	度	dù
18(1)	对……抱有好感	duì……bào yǒu hǎo gǎn
18(1)	对……有吸引力	duì……yǒu xīyǐn lì
23(3)	顿时	dùnshí
15(1)	多亏	duōkuī
23(1)	反过来说	fǎn guòlái shuō
23(3)	赶忙	gǎnmáng
14(1)	固然	gùrán
13(2)	光顾了……	guāng gù le……
19(1)	何必	hébì
16(1)	何况	hékuàng

23(1)	何乐而不为	hé lè ér bù wéi
13(2)	或早或晚	huò zǎo huò wǎn
13(2)	即使……也……	jíshǐ……yě……
13(1)	假如	jiǎrú
20(2)	仅次于	jǐn cì yú
20(2)	尽可能	jìn kěnéng
18(2)	就……来说	jiù……lái shuō
19(2)	据悉	jùxī
21(1)	拉开帷幕	lā kāi wéimù
15(2)	轮到	lún dào
23(2)	没有必要非得……	méiyǒu bìyào fēi děi……
15(3)	猛然	měngrán
19(3)	拿……不当……	ná……bù dàng……
19(1)	你看你……	nǐ kàn nǐ……
17(1)	您知道的	nín zhīdào de
23(1)	恰恰相反	qiàqià xiāngfǎn
18(3)	忍不住	rěn bù zhù
16(2)	日益	rì yì
23(3)	三下五除二	sān xià wǔ chú èr
14(1)	什么 A 不 A 的	shénme A bù A de
21(1)	……胜……平……负	……shèng……píng……fù
19(1)	实不相瞒	shí bù xiāng mán
20(1)	是这么回事……	shì zhème huí shì……
23(1)	试想	shìxiǎng
22(2)	所谓……是指	suǒwèi……shìzhǐ
15(1)	为……而……	wèi……ér……
21(2)	无话可说	wú huà kě shuō
16(1)	无所谓	wúsuǒwèi
17(2)	向……交代	xiàng……jiāodài
22(1)	性　　（词尾）	xìng
24(1)	依次	yīcì

13(3)	一个劲儿	yīgejìnr
21(3)	遗憾的是……	yíhàn de shì……
19(1)	以……的名义	yǐ……de míngyì
18(3)	以至于	yǐzhìyú
23(1)	用……的话来说……	yòng……de huà lái shuō
23(2)	有意思的是……	yǒu yìsi de shì……
22(1)	在……看来	zài……kàn lái
21(1)	则	zé
22(1)	者	zhě
17(2)	这倒是,不过……	zhè dào shì, bùguò……
15(1)	这样一来	zhèyàng yī lái
17(1)	这一点	zhè yì diǎn
22(1)	征得……同意	zhēng dé……tóngyì
18(3)	正如……所说	zhèng rú……suǒshuō
19(1)	之所以……也是……	zhī suǒyǐ……yěshì
23(3)	直到……为止	zhídào……wéizhǐ
14(1)	至于	zhìyú
15(2)	总得	zǒngděi
15(2)	总算	zǒngsuàn
21(2)	足以	zúyǐ
21(1)	最终	zuìzhōng